本书系黑龙江省教育科学规划基础教育重大攻关课题
素养的现状与提升策略研究"（课题编号JJA1424

U0691365

教育信息化

JIAOYU XINXIHUA

理论与创新研究

LILUN YU CHUANGXIN YANJIU

鲁文晓　张天扬◎著

兰州大学出版社
LANZHOU UNIVERSITY PRESS

术与校园网、信息技术与数字化学习资源中心，以及信息技术与计算机网络教室；第三章为数字化学习环境建设，主要研究了数字化学习环境的内涵、数字化学习环境的设计和应用；第四章为数字化学习资源建设研究，主要介绍了数字化学习资源的内涵、数字化学习资源的整合与管理，以及数字化学习资源的开发与应用；第五章为信息化环境下的教学与教学设计，主要介绍了信息技术支持下的教与学、信息化环境下的教学模式、信息化环境下的教学设计；第六章为远程教育研究，主要分析了远程教育的内涵与基本原理、远程教育的教学系统与课程开发、远程教育的管理与评价；第七章为信息化教学实践研究，主要研究了信息化环境与教学设计、信息技术与课程整合、移动学习应用、学生管理及其信息化建设；第八章为信息化时代教师的信息素养研究，主要研究了教师应具备的信息素养、教师应具备的技术能力结构和教师信息素养的培养；第九章为信息化环境下的教学评价，主要介绍了信息化环境下教学评价的十大现代理念、信息化环境下的教学评价方法体系及技术工具、不同技术环境下的教学评价策略与方法。

全书以教育信息化示范、引领和全面推动教育现代化为主，以实现高水平科技自立自强蓝图为重要目标。基于创新驱动的现实需求，本书收集和整理了实施效果较好的教育信息化优秀实践案例，涵盖教育教学模式创新、学习环境和资源建设、师生数字素养提升等领域，以了解相关技术在教育中的应用瓶颈和应用趋势，洞察今后教育信息化的发展方向，进而提升新技术在教育教学中的使用策略。

全书由鲁文晓统稿，其中张天扬负责撰写第一章至第六章第二节内容，共10.5万字，鲁文晓负责撰写第六章第三节至第九章内容，共11万字。为了确保研究内容的丰富性，作者在编写过程中参考了大量理论与研究文献，在此向涉及的专家学者们表示衷心的感谢。

最后，限于笔者水平，加之时间仓促，本书难免存在疏漏，在此，恳请同行专家和读者朋友批评指正！

目　录
CONTENTS

第一章
教育信息化与信息化教育

　　教育信息化与信息化教育是两个不同的概念，但两者之间又有着不可分割的关系。因此，在学习本章内容的过程中，可以通过比较与联系的方法，对两者的概念、目标、内容、特点、功能等方面进行详细解读。在学习教育信息化的历史演进时，可以通过了解每个阶段发生的重要事件来总结不同时期教育信息化的特点；在学习教育信息化与教育改革之间的关系时，可以结合我国当前教育信息化发展和教育改革推进的现状及其存在的问题进行分析；对信息化教育的理论基础则可以通过文献阅读、小组讨论、案例分析的方法进行学习。

第一节　教育信息化

　　教育信息化是伴随着信息技术的飞速进步和信息社会的到来而出现的，是国家信息化的关键和重要组成部分。教育信息化包括教学环境的信息化、教学资源的信息化、教学思想与教学模式的信息化、教学管理的信息化以及教学评价的信息化等内容。在经历了起步阶段的基础设施建设和初步发展阶段的信息技术应用之后，目前教育信息化已经基本实现了信息技术在学科教学中的运用，未来教育信息化将更加关注信息技术与学科课程的深度有效融合，以便更好地发挥信息技术对学科教学的促进作用。同时，教育信息化也对新一轮课程与教学改革产生了重要影响，而教育改革的深入推进又给教育信息化提出了新的要求。因此，只有正确认识和处理教育信息化与教育改革之间的关系，才能稳步推进教育信息化与教育改革的进程。

教育信息化是以信息技术变革学校教育的体现，是促进学校教育变革、提高学生信息素养、推动教育现代化的漫长过程，需要在与教育改革的有机结合中相互促进并不断走向深入。

一、教育信息化的概念内涵

我国在1997年召开的首届全国信息化工作会议中曾提出："信息化是培育、发展以智能化工具为代表的新的生产力并使之造福于社会的历史过程。"在2006年公布的《2006—2020年国家信息化发展战略》中又进一步指出："信息化是充分利用信息技术，开发利用信息资源，促进信息交流和知识共享，提高经济增长质量，推动经济社会发展转型的历史进程。"[①]教育信息化是信息化在教育中的体现，也是国家信息化的重要组成部分。同时，它还肩负着培养信息化新型人才的重任，是最终实现整体国家信息化的主要途径。

（一）教育信息化的概念

"信息化"的概念是在近半个世纪的时间里经过"知识产业""信息经济""信息产业""信息社会"等一系列概念发展演变而来的，教育信息化则始于20世纪90年代，是随着美国"国家信息基础设施"计划而出现的。因此，"教育信息化"的概念从一开始就与信息通信技术保持着密切的联系。1999年6月，《中共中央、国务院关于深化教育改革和全面推进素质教育的决定》中提出，要"大力提高教育技术手段的现代化水平和教育信息化程度"，这是政府文件中首次提出教育信息化的概念。可以说，"教育信息化"一词蕴含着东方语言的思维，西方国家则通常将其称为电子教育、信息化教育（E-education），信息化学习或者电子学习（E-learning）。[②]

（二）教育信息化的目标与内容

《教育信息化十年发展规划（2010—2020年）》中明确提出了未来十年教育信息化发展的目标，即：基本建成人人可享有优质教育资源的信息化学习环

---

①中共中央办公厅,国务院办公厅:《2006—2020年国家信息化发展战略》,载《电力信息化》,2006年第6期,第22-24页。

②规划编制专家组:《<教育信息化十年发展规划(2010—2020年)>解读》,人民教育出版社,2012年,第7页。

境，基本形成学习型社会的信息化支撑服务体系，基本实现宽带网络的全面覆盖，教育管理信息化水平显著提高，信息技术与教育融合发展的水平显著提升。同时，该文件也针对这一目标的实现提出了八项任务：①缩小基础教育数字鸿沟，促进优质教育资源共享；②加快职业教育信息化建设，支撑高素质技能型人才培养；③推动信息技术与高等教育深度融合，创新人才培养模式；④构建继续教育公共服务平台，完善终身教育体系；⑤整合信息资源，提高教育管理现代化水平；⑥建设信息化公共支撑环境，提升公共服务能力和水平；⑦加强队伍建设，增强信息化应用与服务能力；⑧创新体制机制，实现教育信息化可持续发展。教育信息化以运用现代信息技术为基础，以促进教育改革和发展为目的，同时还肩负着信息化人才培养的重要使命，是实现国家信息化的关键，其最终目标是实现教育现代化和教育的跨越式发展，并培养现代社会需要的综合创新型人才。

　　教育信息化是一个动态发展的过程，其目的是现代信息技术在教育中的广泛应用，即有效运用技术的网络化、数字化、智能化和多媒体化等特点，实现教育资源的开放共享与学生之间跨越时空限制的交互和协作。总体来看，教育信息化的内容主要包括以下几个方面：①教学环境的信息化，既包括课堂教学中的信息化设备，也包括实验室、图书馆等学习场所教学设施的信息化和网络化；②教学资源的信息化，即通过开放教育资源的建设丰富教育信息资源库，实现各地优质教育资源的免费共享与均等化；③教学思想与教学模式的信息化，即综合运用行为主义、认知主义、建构主义和人本主义等多种学习理论，构建适合信息化教育需要的教学模式，充分体现人性化、个性化的教学理念，更好地促进学生发展；④教学管理的信息化，即通过构建教师和学生信息管理的数据库，并利用现代信息技术进行学校的常规管理、人事管理、基础设施管理等，规范学校管理秩序；⑤教学评价的信息化，包括对教师和学生两方面评估的信息化，即充分利用信息技术进行评估数据的采集、传输、处理和分析，提高评价的科学性与准确性。

二、教育信息化与教育改革

　　从总体上看，我们可以将教育信息化视为教育现代化的一个重要组成部分，教育信息化关注的是，信息社会这一大背景下学校教育的未来改革与发展趋势。教育信息化绝对不是简单的概念，而是一个包含诸多内容与环节的系统工程。目前，计算机技术、数字通信技术和网络技术等技术已经得到了快速发展并实现了有效融合，这使得现代教育技术对学校教育的支持逐渐从单向的电化教学转向双向、多样的交互式计算机及多媒体与网络教学，为课堂教学提供了新的手段。

（一）教育信息化对教育改革的促进作用

1.教育信息化是国家信息化与教育现代化的必由之路

一方面，教育信息化是国家信息化的重要组成部分，也是实现国家信息化的重要途径，教育信息化肩负着培养信息化人才的重要使命，推动着信息基础设施的不断更新与发展；另一方面，教育信息化是教育现代化的重要内容，也是教育现代化的关键，没有教育信息化也就不可能实现教育现代化。在包括教育思想、教育内容、教育方法、教育技术手段和教育管理等各要素的现代化教育中，离不开教育信息化的支持。2003年，时任教育部部长周济也在《大力推进信息化建设，实现基础教育的跨越式发展》的报告中指出"推进教育信息化不仅是中国教育改革发展的必然选择，也是实现教育跨越式发展的重要手段和途径"。

2.教育信息化是建设学习型社会，构建终身教育体系的重要保障

到目前为止，由于各地经济条件、教育水平和教育规模等方面的差异而导致的教育差距仍然非常明显，深入推进教育信息化能够有效促进各地教育资源和教育机会的均等化。同时，教育信息化发展为我们带来了丰富的学习资源和多样化的网络学习方式，将时时学习、处处学习、人人学习变为可能。这样，学生就可以在摆脱时空限制的情况下进行自主学习，进而满足他们不同的学习需求。因此，教育信息化能够在提供多样化学习资源和均等化学习机会的基础上，推动学习型社会的建设，并有效促进终身教育体系的构建。

3.教育信息化是素质教育实施和创新型人才培养的重要推动力量

培养具备广博的知识储备、富有创新精神和创造能力且能够独立思考并解决问题的创新型人才，是当前教育改革对学校素质教育实施和人才培养提出的新要求，教育信息化则能够起到有效的推动作用。其作用主要表现为三个方面：①教育信息化可以通过多媒体、虚拟现实、超文本和远程信息传递等手段提供多样化的软件、硬件支持，为教师的课堂教学和学生的自主学习创造良好的环境；②各种学习平台的搭建和多样化学习资源的共建共享推动着多媒体教学和在线学习的不断发展，使促进学生个性化发展、个别化学习和跨越时空限制的协作交流成为可能；③学生可以在信息技术的支持下通过资源的获取、收集、处理和利用等方法有效解决问题，以促进自身知识面的拓宽及独立思考能力与创造性思维能力的发展。

实际上，教育信息化与教育改革之间的作用是相互的。一方面，教育信息化的深入推进为学校教育注入了新的理念，也为丰富教师的教学形式和更新教学观念创造了条件，为课程改革的进行提供了动力；另一方面，教育改革的逐步推进也在促进着教育信息化的发展不断深入，并促使其逐渐实现了从强调软件、硬件基础设施建设，到关注信息技术在教学过程中充分应用的重要转变。同时，为实现教学方式与学习方式的革命性变革，教育改革在深入推进的过程中也为教育信息化提出了新的要求。

（二）教育改革对教育信息化提出的新要求

1.正确认识教育信息化的战略地位，并对其进行统筹安排与总体规划

教育改革是一个长期的、系统的工程，它是分阶段稳步推进的，因此需要系统安排与总体规划。与此同时，为教育改革提供动力支持的教育信息化也需要稳步发展。目前，教育信息化的程度正在不断加强，但要保证它的长期稳定持续推进，就需要对其战略地位形成正确的认识，认清教育信息化在教育改革进程中发挥的作用，并了解目前存在的问题，在此基础上对未来的教育信息化发展进行统筹安排与总体规划，为教师、学生和教育行政人员提供最佳的信息技术支持，奠定教育改革持续稳步推进的扎实基础。

2.建成长效投入保障机制，完善协调与管理体制

充足的资金供给是庞大的教育系统内部信息基础设施正常运行、及时维护、升级与更新的重要保障。但是，如果政府已经投入了大量资金却缺乏健全的投入保障机制，那么就会降低资金分配和软件、硬件建设与维护的合理性，影响教育信息化的进程，也会影响其对教育改革的促进作用。同时，各级各类教育行政部门与学校的信息化建设，以及管理部门的合理分工和统一管理也是保证教育信息化全面、协调、可持续发展的关键。因此，协调与管理体制的建成及完善，成为教育改革对教育信息化新要求的重要方面。

3.完善基础设施建设，加强人才队伍建设

目前，仍然存在教育信息化基础设施建设不均衡的问题，尤其是西部及农村地区的信息化基础设施还相对落后。这不仅会加大数字鸿沟，还会进一步加剧不同地区、不同类型学校之间的教育差距，也会影响教育改革的顺利进行。因此，要进一步完善各地区学校的基础设施建设并提高其应用效率。同时，目前信息化人才队伍的建设与教育信息化发展的需求之间还存在一定的差距，要保证教育信息化对教育改革的推动力量，就需要加强专业化人才建设，以弥补信息化人才队伍短缺的问题，尤其是要完善教师队伍的知识结构并提高其信息素养，使他们适应信息技术更新迅速的特点，更好地应用信息技术开展课堂教学活动，以满足教育改革的新要求。

4.实现与教学实践的深度有效融合，提高信息技术的应用水平

教育改革的最终目的，就是通过改变当前教育中存在的问题来更好地促进学生的发展，因此要充分考虑、紧密联系学生，开展符合实际情况的课堂教学。同样，要实现教育信息化对教育改革的促进作用，也应该从利用信息技术促进教师的教和学生的学这一方面入手。一直以来，人们都在关注信息技术在教学实践中的有效应用，但仍然局限于技术的应用层面，并没有实现其与课堂教学的深度有效融合，这样就不能很好地发挥信息技术对教与学的促进作用。总得来说，新时期的教育改革需要实现信息技术与课堂教学实践之间的深度有效融合，以促进教学模式的创新与学习方法的改变，从而更好地推动教育改革的进一步深化。

第二节　信息化教育

信息化教育是教育信息化深入推进和现代教育技术不断发展的必然结果，是电化教育发展的新阶段。从技术方面上看，信息化教育具有网络化、智能化、多媒体化和数字化的特点；从教育层面上看，它具有教学材料的多媒体化、教学资源的全球化、教学的个性化、学习的自主化和管理的信息化等特点。信息化教育作为一种新的教育形态，建立在新行为主义学习理论、加涅（Robert Mills Gagne）的信息加工理论、梅耶（Mayer）的多媒体认知理论、建构主义学习理论、人本主义学习理论、斯金纳（B. F. Skinner）的程序教学理

论、布鲁纳（Bruner, J.）的发现学习及奥苏贝尔（D. P. Ausubel）的有意义学习的基础之上。它既包括教学观念和学习观念的信息化，也包括教学资源、管理、评价和教师发展与学生发展的信息化，同时更加注重信息技术与学科课程的深度有效融合，对提高教育质量、促进学生发展、扩大教育规模和推动教育改革都具有重要意义。

20世纪90年代以来，以网络技术、计算机技术和通信技术等为代表的现代信息技术得到了飞速发展，给社会的各个方面带来了前所未有的改变。在教育领域，多种学习技术和多媒体资源的出现引发了教育观念、学习理念、教学方法的更新和师生关系的转变，推动了新一轮课程与教学改革的深入发展。信息化在学校教育中的不断推进也形成了基于信息技术的全新教育形态——信息化教育。

一、信息化教育的概念内涵

建立在现代信息技术和现代教育思想基础上的信息化教育，是推动教育改革和教育现代化，以适应信息化社会对教育发展新要求的产物。与传统教育形式相比，信息化教育在教育观念、教学环境、教学模式、教学内容、教学评价、教育理论及教育管理等方面都得到了新的发展，实现了资源呈现的多媒体化，有效促进了个性化教学的开展、学生自主学习的进行、教学环境的优化和教学效果的提升，同时也实现了全球教育资源的开放共享，对推进教育公平产生了重要影响。

（一）信息化教育的概念

信息化教育是近年来伴随着教育信息化而出现的新名词，目前对于其概念内涵的论述很多，但并未形成统一的界定。我国学者南国农认为，"信息化教育就是电化教育，是信息时代的电化教育"。[①]祝智庭则认为，"信息化教育是指以现代化信息技术为基础的教育形态"。

人们通常会将信息化教育与教育信息化联系在一起。实际上，二者虽然都与现代信息技术紧密联系在一起，但却有着本质的区别。教育信息化是信息技

[①]南国农：《信息化教育理论体系的形成与发展》，载《电化教育研究》，2009年第8期，第5-9页。

术应用于教育过程中要做的一件事情，它是信息技术在教育中的应用与推广，而信息化教育则是一种以现代信息技术为基础的新型教育形态。归纳起来就是，教育信息化是现代信息技术与教育相整合的过程，而信息化教育则是现代信息技术与教育整合之后的表现形态。[①]但是，两者之间也存在联系，即信息化教育的实施需要教育信息化的不断推进，而信息化教育的进行又可以有力地推动教育信息化的发展进程。

我们可以将信息化教育看成是建立在现代信息技术支持下发展出的一种全新的教育形态，它是教育信息化深入推进和现代教育技术不断发展的必然结果。从信息技术与教育理论之间的关系来说，信息化教育应该是现代教育理论与现代信息技术相结合的产物。值得注意的是，二者之间是相乘而不是相加的关系，因为必须实现两者之间的有机融合才能称之为信息化教育，离开其中的任何一个方面，信息化教育都不能取得成功。[②]

（二）信息化教育的特点

总体来说，与传统教育相比，信息化教育的主要内容包括以下两个方面：一是教育过程的信息化，即信息化教育是与现代信息技术紧密结合在一起的，它离不开信息化设备和信息化资源的重要支持；二是教育观念的现代化，即发展适合多种信息技术支持的多媒体教学、数字化教学和虚拟化教学等，实现信息技术支持下教师教学方式与学生学习方式的变革，加快教育现代化的进程。因此，我们可以从技术和教育两个层面来分析信息化教育的特点。

从技术层面上看，信息化教育具备以下四个方面的特点：①网络化，即人们能够通过网络获取自己所需要的信息，且获取的速度更快、范围更广、内容更丰富，同时也实现了跨越时空限制的多向互动；②智能化，是指基于人的智能模型、科学理论模型以及构建信息科学的智能设施和工具可以为教师、学生和教育研究者提供智能化的工具支持；③多媒体化，指承载信息的载体从传统的书本、挂图等实物发展为超文本、图片、视频、音频、动画等多媒体，为教育信息资源的多样化表征提供了技术支持；④数字化，即信息以数字化形式呈

[①]汪基德：《从教育信息化到信息化教育：学习《〈国家中长期教育改革和发展规划纲要（2010—2020年〉〉之体会》，载《电化教育研究》，2011年第9期，第5-10页，第15页。
[②]南国农：《信息化教育概论》，高等教育出版社，2004年，第13页。

现，能够更好地提取、加工、利用和存储。[①]

从教育层面上看，信息化教育的特点主要表现为：①教学材料的多媒体化，不仅包括传统的纸质材料，还包括视频、音频等数字化资源；②教育资源的全球化，开放的教育资源促进了各地资源的均等化，实现了优质教育资源的全球共享；③教学的个性化，多样化的信息技术支持与多媒体化的教学资源能够使教师在安排教学的过程中根据不同学生的个性特点给予相应的学习支持，以促进学生的个性化发展；④学习的自主化，丰富的学习资源和完善的网络学习平台可以为学生提供更多的自主学习机会；⑤管理的信息化，完善的管理平台与分类数据库的建设能够推动学校管理的自动化、智能化与科学化。

（三）信息化教育的功能与作用

信息化教育不仅指课堂教学的信息化，还指包含教学评价、教学管理等在内的教育领域各方面的信息化。它的基本功能是优化教育教学，以促进新时期素质教育的实现和创新型人才的培养。目前，信息化教育正在以其多媒体化的教学方法、全球化的教育资源、自主化的学习方式、信息化的教育管理以及虚拟与现实相结合的学习环境改变着传统的学校教育，形成了发挥学生自主性、创新性、协作性的新型教学模式。它的功能与作用主要表现为以下四个方面。

1.提高教育质量

信息化教育能够使教师充分利用多种信息技术手段和工具构建良好的学习环境，并通过超文本、图像、音频、视频等优质多媒体学习资源与传统纸质教学材料的有机结合来丰富学生的学习内容和形式。这不仅可以满足不同学生的需求，还能够支持多种学习活动的开展，从而提高教学效果。

2.促进学生发展

信息化教育能够在现代信息技术与多种教育教学理论的有机结合中，充分发挥学生的主体作用并考虑他们之间的个性差异，通过自主学习、协作学习、探究性学习、体验式学习等多种方式促进学生知识、技能与情感的共同发展。同时，网络中多样化的学习资源为满足学生的个性需求奠定了基础，可以有效促进他们的个性化发展。

3.扩大教育规模

信息化教育能够利用计算机技术、网络技术等实现资源的全球共享，将学

①李运林：《论"信息化教育"》，载《电化教育研究》，2008年第1期，第5—10页。

校课程扩展到拥有计算机就可以接收任一教学资源的程度，同时教师也可以通过网络给来自不同地区的学生上课。近年来发展起来的大规模开放在线课程（Massive Open Online Courses，简称MOOC）就是信息化教育扩大教育规模的重要体现。同时，网络的迅速发展使学生跨越时空限制的双向交互成为可能，实现了人们随时随地学习的可能。

4.推动教育改革

信息化教育的实施也可以为教育发展提供新的思路，是推进新一轮课程与教育改革的重要力量，主要表现为三个方面：①引发教育观念的变革，信息化教育更加关注社会发展与人的发展的统一性，强调人才培养的多元化与个性化；②引发教学方法和手段的变革，信息化教育强调自主学习、协作学习、体验式学习、个性化学习等多种促进创新性人才培养的学习方法的有机结合；③引发师生关系的转变，信息化教育主张将学生置于学习活动的主体地位，教师在教学活动中扮演的是促进者、协作者和指导者的角色。

二、信息化教育的理论体系

信息化教育作为电化教育的发展，其理论体系最初形成于20世纪80年代，包括电教理论、电教媒体、电化教学法、电教教材编制、电教管理等。[①]近年来，随着信息技术的发展和教育信息化的推进，信息化教育的理论体系也得到了不断的发展与完善，它不仅包括信息化教学观和学习观，还包括信息化教育中的资源、信息化教育中的管理与评价、信息化与教师发展、信息化与学生发展以及信息技术与课程整合等方面的内容。

（一）信息化教育的教学观

信息化教育的教学观强调教师角色的转变。在传统教学中，教师是知识的传授者和灌输者，信息化教育则主张将教师置于指导者的地位，即教师不再是学生获取知识的唯一来源，而是作为协作者、引导者和咨询者，帮助学生自主学习和自主探索。在教师角色发生转变的同时，也体现了教学方式的转变，课堂教学的方式更加多样化，除传统的讲授式教学外，更加强调能发挥学生主体地位特点的协作学习、探究性学习、自主学习等方式。教学目标也从以前促进

---

①南国农：《信息化教育理论体系的形成与发展》，载《电化教育研究》，2009年第8期，第5-9页。

学生对知识的掌握转变为帮助他们实现知识、技能与情感的共同发展，并培养他们终身学习的能力和观念，以适应未来不断变化与快速发展的社会对人才培养的新要求。

（二）信息化教育的学习观

传统情况下，学生是知识的被动接收者，间接地从教育者那里获取人类长期积累下来的文化财富，信息化教育则强调对学生的意义建构，即鼓励他们在亲身参与和实际体验的过程中获取知识。因此，在信息化教育中，更加关注学生作为主动学习者利用多种技术和工具支持进行自主探索，并通过学生之间的相互协作与交互进行知识的主动建构。在这个过程中，位于主体地位的学生不仅要在多样化的情境中进行学习，还要对自身的学习过程和结果进行正确评价，反思自己的学习并进行自我调节。也就是说，信息化教育中的学习观更加强调学生的学习过程而不是学习结果，更加关注他们的能力提升与个性化发展，而不仅仅是对知识的掌握。

（三）信息化教育中的资源

从广义上讲，信息化教育中的资源是指教育过程中的一切教学资源和学习资源，它既包括教科书、参考书、报纸、杂志等传统纸质教育资源，也包括视频、音频等数字化教育资源；从狭义上讲，信息化教育的资源仅仅指以数字化、网络化、多媒体化为技术特征的信息化资源。通常情况下，我们所说的信息化教育中的资源主要指狭义的信息化资源，它具有多样性、共享性、扩展性和工具性的特点。在信息化教育中，资源尤其是多媒体网络共享资源处于关键性的地位，它不仅可以为教师的课堂教学和学生的自主学习提供重要支持，还能够促进教学模式的变革、教师的角色转变和学生的个性发展。

（四）信息化教育中的管理与评价

信息化教育中的管理指的是为了优化信息化教育系统，提高其整体功能和效率而进行的各种组织和协调活动的过程，是信息化管理在教育领域中的具体体现，它主要包括目标、计划、实施、检查和总结五个环节。在信息化教育的评价中，对学习资源和学习过程的评价处于核心地位，其中面向学习资源的评价主要是指根据教学目标评估学习资源所具有的教育价值，面向学习过程的评价则是指根据教学目标对学习的过程和结果进行价值判断。因此，信息化教育中的管理与评价都是以更好促进教学效果和学生的个性化发展为目的，其中信息化教育中的管理能够为信息化教学的顺利开展提供保障，评价则是为教学提供实时反馈，以促进教学效果的不断提升。

（五）信息化教育与教师发展

在信息化教育中，教师能否在课堂教学中恰当应用现代信息技术来支持教学，是影响教学效果的关键。因此，教育信息化的深入发展为教师的课堂教学提供越来越多技术支持的同时，也对他们的知识和能力提出了新的要求。2006年，美国密歇根大学彭亚·米什拉（Punya Mishra）和马修·克勒（Matthew Koehler）在李·舒曼（Lee Shulman）描绘的学科教学法知识基础之上，首次提出了技术、教学法与学科内容整合的知识这一新的概念框架，为信息化教育中的教师专业发展提供了重要指导。[①]信息化环境中教师的专业发展并不仅仅是指教师要具备多种现代信息技术知识及应用方法，而是要使教师将技术恰当地应用到自身的教学活动中，即教师要有丰富的信息技术与学科课程整合的知识和较强的信息技术与课程整合的能力。

（六）信息化教育与学生发展

信息化的深入推进加速了人们工作方式、生活方式和学习方式的变革，也提出了社会发展对人才培养的新要求。因此，信息化教育更加强调学生自主学习能力、创新性思维能力、问题解决能力等的发展，主要表现为三个方面：①关注学生的个性差异，运用多种信息技术支持和多样化的学习资源呈现进行因材施教，以促进他们的个性化发展；②在向学生传授知识的同时，也要给他们提供解决真实问题的机会，使其能够将所学知识创造性地应用于实际问题中，以达到创新性思维能力和问题解决能力的共同提升；③鼓励学生积极参与到协作学习过程中，发挥他们在集体中的作用，使其在协商与合作的过程中发展集体共事能力。信息化教育的学习观不但能保证学生对基础知识的掌握，而且更加注重其在此基础上的能力提升和情感发展。

（七）信息技术与课程整合

信息化教育并不是简单地将现代化的信息技术视为一种教学的辅助手段，

---

① Mishra, Punga, and M·J·koehler "Technological Pedagogical Content Knowledge: A Framework for Teacher Knowledge," *The Teachers College Record* 108(2006): 1017-1054.

而是应该结合学科的教学特点和学生的认知风格，建立基于信息技术的新型教学模式和学习模式，使信息化教育成为教师的教学工具、学生的认知工具和重要的教学形态与主要的教学媒体。因此，信息技术与学科课程的深度有效融合是信息化教育的关键。我国《基础教育改革纲要（试行）》中提出要大力推进信息技术在教学过程中的普遍应用，促进信息技术与学科课程的整合，并逐步实现教学内容呈现方式、教师教学方式、学生学习方式的变革。在硬件设施上，应该对多种教学媒体进行恰当的设计和编排，构建适合教学需要的多媒体教学环境；在教学方法上，要注意运用现代教育理论指导信息技术与课程整合的实践，并根据学科教学特点构建有效的教学模式。

第三节　教育信息化的发展战略与发展规划

一、教育信息化的发展战略

（一）教育信息化发展的指导思想和发展原则

教育信息化遵循国家信息化的引导，在国家的统一规划下，加强协调，部署计划，从教育发展的实际需要出发，加快教育信息化基础设施步伐；提高信息化人才培养的质量，扩大培养规模；全面实施信息技术教育和师资信息化知识培训；重点加大教育资源开发的力度与整合的力度，提高教育资源的利用效率，大力建设教育政务信息化，推动网络教育的管理和运行机制的创新；真正使教育信息化培养出国家信息化发展中的人才。

教育信息化的发展原则是：统筹规划、需求导向，加强合作、注重实效，人才为本、项目示范，因地制宜、协调发展。

（二）教育部推进教育信息化建设的总体要求

教育部推进教育信息化建设的总体要求有以下几个方面。

（1）国家和地方对教育信息化进行统筹规划和管理，制定发展方针、目标和任务，提高教育信息化资源的利用效率，使优质教育资源能够共享，实现资源配置优化，提高信息化设施的利用率。

（2）鼓励社会和企业参与教育信息化，利用信息化手段为社会提供多种形式的服务。改革教育信息化工作的管理和领导方式，建立教育信息化评估指标体系，全面提高教育信息化建设的质量和利用水平。

（3）通过选择具有带动性、基础性、示范性和全局性教育的信息化示范项目，推动教育信息化发展，为社会培养信息化人才，是教育信息化发展的重要内容。

（4）要实事求是，循序渐进，以本地区发展水平为出发点，加大资金和人才的投入。国家投入主要侧重在西部不发达地区，在政策和资金两方面向西部地区倾斜。鼓励东西部教育资源联合与合作。东部地区则主要依靠政策驱动与引导，实现全国教育信息化的协调发展。

二、教育信息化的发展规划

确立教育信息化的发展战略，把教育信息化建设当成学校的基本建设来抓。学校的基本建设不能只满足于校舍建设这个层次，一定要以战略性的眼光，用先进的、现代化的教育思想和教学设备把学校装备起来，从基础设施上使学校具备跨越式发展、可持续发展的物质基础，这是建设数字化校园、信息化校园、网络化校园的基础工程。

（一）依靠教育信息化，实现高等教育的跨越式发展

教育创新的重要内容是实现跨越式发展。高等教育的发展是一个自然的历史过程，但在特殊的历史时期也存在跨越式发展的现象。跨越式发展就是指在一定历史条件下，落后者会以超常规的状态赶超先行者走过的某个发展阶段的超常规赶超行为。超常规和跨越式都是高等教育发展过程中会出现的正常现象。实现高等教育的跨越式发展，就要加强教育创新，通过改革的方法消除制约教育发展中遇到的体制性障碍，集中力量解决全局性、战略性的重大问题，为经济和社会的可持续发展培养人才。

要想实现教育的跨越式发展，就要实现教育信息化。信息技术在教育领域的应用，是高等教育发展中一场重要的革命性变革，特别是在互联网开通之后，我们建立了现代远程教育网络，使高校教育可以跨越国界，同时也使教育内容、教育方式乃至教育观念实现了快速发展。

（二）把教师队伍建设作为教育信息化建设的重点

在信息化建设的过程中，不仅要重视硬件建设，还要在教学过程中利用现代技术设备提高教学的效率。当前，传统的以知识为中心、以教师为中心的传授型教学结构仍占主导地位，虽然多媒体计算机、计算机网络、多媒体投影仪等新技术设备逐渐进入课堂，但能熟练应用这些设备的教师比例仅占10%左右，很多教师对新型教育结构和模式知之不多。因此，教师队伍建设是教育信息化建设的重点。

（三）完善资源库建设，实现资源共享

目前的学科整合基本上还是单打独斗，根本原因就在于无法实现资源共享，一些落后、狭隘的观念在作祟，如果不能实现资源共享，教育信息化便失去了意义。

　　信息技术环境是指在当代教与学的实践活动中，为优化教学效率、教学效果而建立的系统化的教育技术设施与条件，包括物化形态的技术（器材、设施、设备）和智能形态的技术（功能性系统、方法）两大类。信息技术环境又可分为硬件环境和软件环境，其中硬件环境是学校应用信息技术的基础，软件环境是实施信息技术的必要条件和关键。信息技术的硬件环境一般由多媒体教室、校园网和计算机网络教室构成。信息技术的软件环境从狭义上讲包括与硬件配套的各种应用软件、多媒体教学资源，从广义上讲还包括教师应用信息技术的能力水平和学校教育管理水平等，这里我们主要讲狭义上的软件环境。

第一节　信息技术与多媒体教室

　　多媒体教室也称多媒体演示室，是根据教育教学的需要，将多媒体计算机、投影机、录音机、录像机等教学媒体组合在一起而建立起来的综合教学系统。多媒体教室是学校利用多媒体手段开展信息化教学的最普遍的教学场所，适用于各类课程的教学。在多媒体教室里，教师可以方便、灵活地应用多种媒体实施多媒体组合教学，使教学过程更加符合学生的认知、理解和记忆规律，有利于提高教学效果。

一、多媒体教室的基本功能

多媒体教室一般具有以下基本功能。

第一，能与校园网、国际互联网连接，能使师生方便、快捷地从网络中调取自己所需要的教学资源。

第二，可以连接闭路电视系统。

第三，可以演示各类多媒体教学课件。

第四，可以播放录像、VCD（影音光碟）、DVD（数字化视频光盘）等视频，做教学演示。

第五，可以投影或展示实物、模型、图片、文字等资料，为教学讲解提供方便。

第六，能将计算机信息和各种视频信号清晰地投影到大屏幕上。

第七，能够通过高保真音响系统播放各种声音信号。

二、多媒体教室的基本构成

（一）系统构成

多媒体教室系统通常是由多媒体计算机与各种视、音频设备组成的，由中央控制系统集成控制的系统，如图2-1所示。

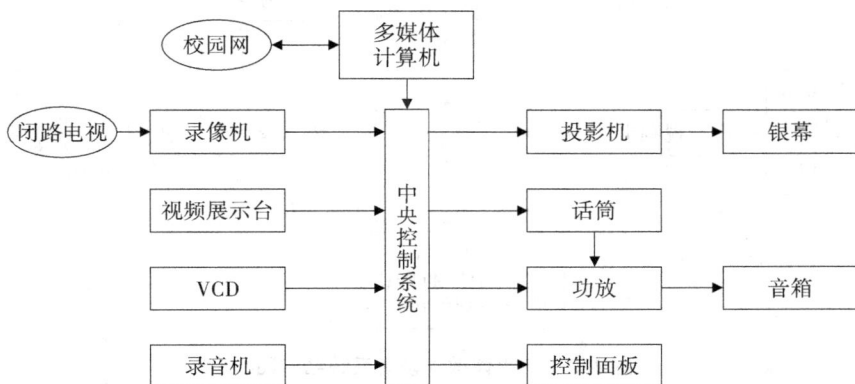

图2-1　多媒体教室系统[1]

---

[1] 李兆君：《现代教育技术（第2版）》，高等教育出版社，2010，第53页.

（二）主要设备

多媒体教室主要设备包括中央控制系统、多媒体计算机、投影机等。

1.中央控制系统

整个多媒体教室中的全部媒体设备都由中央控制系统集中管理控制。中央控制系统的主机集成了红外线遥控模块、音频切换模块、视频切换模块、VGA切换模块和电源管理模块。红外线遥控模块能控制投影机、影碟机、录像机、展示台等影音设备和遥控窗帘、空调等环境设备。音频、视频信号切换模块能完成相应信号的切换。VGA切换模块有两路切换，可外接手提电脑等。中央控制主机通过串口和多媒体电脑来控制面板通信。一些中央控制系统还具备远程控制、状态反馈的网络型集中控制系统，该系统可将多媒体教室重要设备的运行状态真实或实时地传送到主控计算机进行监控管理，并且可以对教室的设备进行远程控制。目前，中央控制系统管理下的多媒体教室设备大都配备"一键开（关）机"功能，操作方便。

2.多媒体计算机

多媒体计算机是多媒体教室的核心设备，多数时间处于多任务工作状态，所以在选购时就应该优先考虑稳定性和兼容性俱佳的品牌电脑。由于多媒体教室的计算机要适应不同课程的教学，所以在配置软件的时候要兼顾不同课程的需要。多媒体计算机的构成及外围设备如图2-2所示。

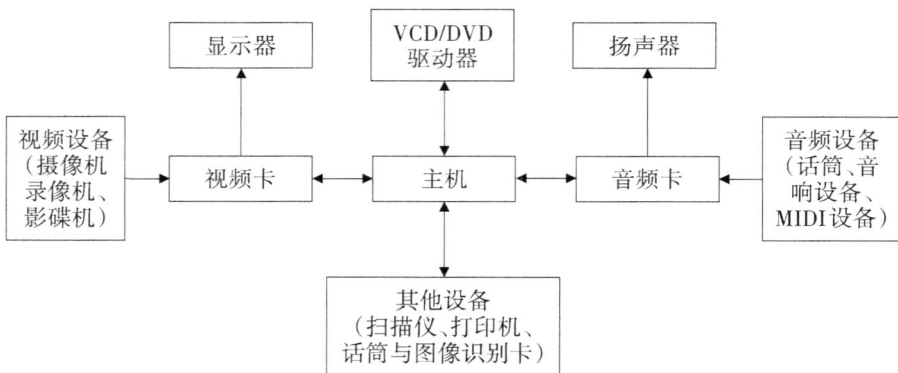

图2-2　多媒体教学设备系统结构图[①]

①李兆君：《现代教育技术(第2版)》，高等教育出版社，2010，第55页.

3. 投影机

投影机是整个多媒体教室中最重要的设备，它连接着计算机系统、所有视频输出系统及数字视频展示台，能把视频、数字信号输出显示在大屏幕上。目前，根据投影技术的不同，投影机主要可以分为三类：CRT 投影机、DLP 投影机和 LCD 投影机，其各有优劣。CRT 投影机的技术比较成熟，显示的图像色彩丰富，还原性好，但其图像分辨率与亮度相互制约，直接影响了亮度值。DLP 投影机的画面细腻稳定，尤其在播放动态视频时图像流畅，形象自然，数字图像还原真实精确，但是在图像颜色的还原上不及 LCD 投影机。LCD 投影机，即液晶投影机，它的成像器是液晶板，采用被动式的投影方式。液晶投影机的基本原理就是利用 LCD 液晶模组来调变光源射出投影至银幕的色光，LCD 投影机的投影画面色彩还原真实鲜艳，色彩饱和度高，光利用率很高。液晶投影机是目前市场上 LCD 投影机的主流产品，其体积小、重量轻、亮度高，实现相应连接后，可同步显示计算机显示器显示的内容，同步显示实物展示台的教学资源（文字、图片、实验操作等）。

4. 视频展示台

视频展示台又称实物展示台，是一种新型的视觉媒体设备。视频展示台的基本工作过程是：利用一个摄像头将展示台上的景物转换成视频信号，再通过电视机或投影机播放，其工作原理和摄像机相同。常见的视频展示台主要有两种类型：一种是双侧灯台式视频展示台，其双侧的灯用于调节视频展示台所需的光强度，从而效果最佳地显示展台上的物品；另一种是单侧灯台式视频展示台，其单侧灯同样用于调节视频展示台所需的光强度，且不同展示台单侧灯的位置各不相同，但不影响教学效果。

5. 银幕

银幕是投影画面的载体，可分为正投银幕（反射型）和背投银幕（透明型）。正投银幕不受尺寸限制，但受环境光线的影响较大。背投银幕的画面整体感较强，不受环境光线的影响。比较普遍使用的有白基布银幕、金属银幕和玻璃珠银幕，目前的多功能教室大都使用电动升降的玻璃珠银幕。玻璃珠银幕有一定的方向性，有效散射视角大于金属银幕。亮度系数（增益）大于 2.0，视角范围介于白基布银幕与金属银幕之间。玻璃珠银幕的特点是：亮度高、成像清晰，但亮度受视角影响，在一定的角度内观看效果较好。

银幕尺寸的选择主要取决于使用的空间面积及学生座位的数量、位置的安排等因素，要保证后面的学生能清晰地看到画面和文字。

合适的银幕宽高比例，有利于投影设备显示出最佳的投影效果。银幕大小与影像格式的关系如表2-1所示。

表2-1 银幕大小与影像格式的关系

影像格式	银幕宽高比例
计算机VGA信号	4∶3
模拟视频信号	4∶3
HDTV(高清数字电视)信号	16∶9
数字电影(宽银幕)信号	16∶9

6.电子白板

电子白板是建立在大小接近黑板的普通白色书写板基础上的电子设备。它可以与计算机进行信息通信，二者连接后可利用投影机将计算机上的内容投影到电子白板屏幕上，在专门的应用程序的支持下，可以构造一个大屏幕、交互式的协作会议或教学环境。

三、多媒体教室的类型

根据教学媒体数量的多少、质量的高低、教学功能的差异等，多媒体教室可分为四种类型：标准型、简易型、多功能型及学科专业型。其中，前文述及的系统结构的多媒体教室即为标准型多媒体教室，这里重点说其他三种类型的多媒体教室。

（一）简易型

简易型多媒体教室中常装配如下教学媒体：多媒体计算机、视频展示台、录像机、影碟机、液晶投影机和银幕等。透过液晶投影机，可将来自多媒体计算机的数字信息或来自视频展示台、录像机、影碟机等的电视信号投影到大屏幕上。简易型多媒体教室中主要使用液晶投影机、视频展示台。但是在简易型多媒体教室中，各个设备都是相互独立的，因此在使用过程中会比较麻烦。

（二）多功能型

多功能型多媒体教室较标准型多媒体教室增加了摄录像装置和学习反应信

息测试分析系统。

1.摄录装置

在教室装配有2～3台摄像机，用于摄录师生的教学活动过程。摄像机信号可传送到中心控制室供记录贮存，也可同时传至其他教学场所供教学观摩或扩大教学规模。

2.学习反应信息测试分析系统

该系统能让全体学生在座位上通过应答器对教师提出的问题做出选择性的回答，计算机实时收集与分析学生的学习反应信息，使教师能及时全面地了解学生的整体和个别情况，实现个性化教学。

（三）学科专业型

学科专业型多媒体教室是在简易或标准型配置的基础上增加一些某学科教学特殊需要的设备，如生物课教学需要的彩色显微摄像装置等，这样便成为某一学科专用的多媒体教室。

四、多媒体教室的教学应用

多媒体教室具有强大的多种媒体演播功能、集成控制功能和网络接入功能，被广泛应用于课堂演播教学、培训、远程网络教学、会议报告和做各种演示等方面。多媒体教室用于课堂教学，可通过文字、图形、图像、录像和动画等多媒体信息的演播来展示事实、模拟过程、创设情境等，适合开展多种模式的教学。

第二节　信息技术与校园网

校园网通常指利用计算机网络设备、通信介质、相应的协议（如TCP/IP协议等）以及各类系统软件和应用软件，将校园内计算机和各种终端设备有机地集成在一起，同时又与外部计算机网络连接，是学校教学和管理服务的一个集成应用系统。校园网应为学校的教学、管理、办公以及内外交流等方面提供全面的支持，应具备教师备课教学、学生学习、教务管理、行政管理和资源管理等功能，并能通过与因特网的接入实现远程信息交流和资源共享。由此可见，校园网是因特网技术在学校中的一个典型应用。

一、校园网的组成

校园网主要包括两大部分：硬件系统和软件系统。

（一）硬件系统

校园网的硬件系统一般包括服务器、网络互联设备、网络传输媒质以及工作站等部分。

1.服务器

服务器是网络系统的核心部分，所以要选用处理能力强、可靠性高、稳定性强、兼容性好的计算机。对于小型的校园网来说，各种服务一般都集于一台物理服务器之上。

2.网络互联设备

网络互联设备主要用于连接多个相对独立的网络，从而实现网络之间的资源共享。网络互联设备主要包括集线器、交换机、路由器、网关和防火墙。

（1）集线器。集线器是计算机网络中连接多个计算机或其他设备的设备，是对网络进行集中管理的最小单元。使用集线器可以改变网络的管理和维护水平，提高网络的稳定性和可靠性。如果网络中计算机数目较多，可将集线器级联使用或选用可堆叠集线器。

（2）交换机。交换机是集线器的升级产品，它的外观与集线器相似，也是带有多个端口的连接设备，但二者也存在明显的区别。首先，工作机理不同。集线器的工作机理是广播，其执行效率比较低，安全性差，而且一次只能处理一个信包，不适合用于较大的网络主干中。交换机则采用点对点的方式，不影响其他端口。其次，带宽占有方式不同。集线器的所有端口共享一条带宽。对于交换机而言，每个端口都有一条独占的带宽，这样在速率上对于每个端口来说就有了根本的保障。最后，传输模式不同。集线器采用半双工方式传输，在上行通道上，集线器一次只能传输一个任务。交换机采用全双工方式来传输数据，因此在同一时刻可以同时进行数据的接收和发送。

（3）路由器。为了把信息从一个网络发送到另一个网络，信息必须路由到可靠的路径，这种路由是由路由器提供的。路由器是一种连接多个网络或网段的网络设备，它能将不同网络或网段之间的数据信息进行"翻译"，以使它们能够相互"读"懂对方的数据，从而构成一个更大的网络。每个路由器通过与其直接相连的路由器交换信息，从而掌握这个网络的拓扑结构，建立和维护一个路由表。路由器根据路由表把从每个输入端口到来的分组转发到路由上的输出端口。从这个意义上讲，路由器有数据通道功能和控制功能。

路由器的存在可减轻主机系统对路由管理的负担，能提高路由管理效率。路由器分本地路由器与远程路由器两种，前者提供的安全级别比网桥高，后者则使用与地理位置分离的局域网进行通信，对网络有更大的控制权。路由器能连接对象有局域网和广域网，具有很强的异种网互联能力。

（4）网关。网关也称协议转换器或信关，是互联网工作在OSI传输层上的设施。它不仅具有路由的功能，而且能对两个网段中使用不同传输协议的数据进行翻译转换。常见的网关类型有局域网网关和因特网网关，前者提供局域网之间数据传送的通道，如Apple Talk与TCP/IP或IPX与TCP/IP等协议转换的网关；后者将非TCP/IP协议转换为TCP/IP协议式等。

（5）防火墙。防火墙指的是一个由软件和硬件设备组合而成的，在内部网和外部网之间、专用网与公共网之间构造的保护屏障。它最基本的功能就是控制在计算机网络中不同信任程度区域间传送的数据流。通过以防火墙为中心的安全方案配置，能将所有安全软件（如口令、加密、身份认证、审计等）配置在防火墙上。

3.网络传输媒质

网络传输媒质是网络中连接收发双方的物理通路，也是通信中实际传送信息的载体。其性能评价指标包括传输距离、抗干扰性、带宽、衰减性、性价比等。根据传输媒质形态的不同，传输媒质可分为有线传输媒质（主要是双绞线）和无线传输媒质（主要是光纤）。双绞线是目前局域网中使用最多的传输媒质。光纤具有很高的传输带宽，损耗极低，抗干扰能力强、保密性好，但其价格高，安装复杂，发生故障时难以诊断和修复。

4.工作站

工作站的主要功能是向各种服务器发出服务请求并从网络上接收传递给用户的数据。工作站有普通工作站和无盘工作站两种类型。普通工作站是一台安装有网络接口卡的完整计算机，其性能比用作服务器的计算机要低，单机运行可以完成用户的基本工作，接入网络可以访问网络资源。无盘工作站没有磁盘驱动器，只有键盘、显示器、内存和中央处理器（CPU）等部件，这种工作站是为了便于在网络中使用而特别设计的。使用无盘工作站可以提高网络的安全性，如减少了数据被盗的风险等。

（二）软件系统

校园网上运行的软件主要有两类：系统软件和应用管理软件。

1.系统软件

系统软件由操作系统软件和应用系统软件构成，它是保证校园网硬件正常工作的支撑服务系统。

操作系统软件是网络的底层基础设施和系统运作的核心，它是运行在网络硬件基础之上的，为网络用户提供共享资源管理服务、基本通信服务、网络系统安全服务及其他网络服务的软件系统，是校园网软件的核心部分。其他应用系统软件需要操作系统软件的支撑才能运行。操作系统软件有两类：面向任务型和通用型，前者是为某一特殊网络应用要求设计的，后者能提供基本网络服务功能，支持各个领域的应用需求。

应用系统软件是校园网的重要组成部分。常用的应用系统软件有：服务器软件、数据库软件、客户端网络浏览器软件以及电子邮件服务器软件等。

2.应用管理软件

应用管理软件是指依据特定的校园网所要实现的功能而配置或专门设计开发的一类软件，如学生成绩管理软件、图书管理软件等。

二、校园网的特点及功能

（一）校园网的特点

校园网主要具有用户数量大、网络负荷高、利用率高的特点。校园网是一个相对较大的局域网，要同时支持成千上万的用户上网。由于要实现视频点播及多媒体网络教学，因此对网络的带宽要求比较高，网络管理及维护的工作量也比较大。校园网是学校信息化的基础设施，频繁用于学校日常教学、科研和管理中，所以网络的利用率很高。

（二）校园网的主要功能

校园网的功能作用主要体现在信息交流服务、多媒体报告厅（教室）、多媒体网络教室、教师备课室、电子图书馆、电子阅览室等方面，具体如表2-2

所示。

表2-2　校园网的主要功能

功能项目	功能相关表述
信息交流服务	互联网信息服务、校内信息服务
多媒体报告厅(教室)	利用声、光、电技术营造出一种生动的氛围,利用网络技术把校园网的资源引入课堂,同时利用多媒体技术调动学生的听觉、视觉等感官,达到惟妙惟肖的教学效果
多媒体网络教室	适应于学生个体学习、分组讨论和集体学习,能充分让学生利用校园网的资源或互联网上的资源
教师备课室	给教师提供网络资源和工具。可以是学校提供的一个集中环境或在现有的教研室安装校园网信息点和计算机,也可以是在教师家中
电子图书馆	将大量的图书资料以数字化的形式存储在磁盘上。目前有超星、万方、维普等电子书库,还可以通过校园网访问中国期刊网,查询相关的资料
电子阅览室	为学生提供查询、阅览电子图书以外的所有多媒体教育资源
教学实时监控室	可以实时了解各个教室的教学情况,便于监控和评估,制作精品课课件,实现网络实时教学
信息化办公室	可以使每个办公室通过校园网进行办公、管理和获取校内外的信息,同时能够通过网络进行即时通信和协同工作
校园卡环境	多采用智能卡技术(IC卡),结合校园网的应用,开发了一整套校园卡系统。该卡可以作为学生证、上机证、借书证、就餐卡等,全面实现信息化管理
教师(学生)、教育主管部门远程接入系统	通过远程接入系统,教师、学生及行政人员可以在家进行交流、备课、学习和管理
网络远程教育	学校在网上提供教学服务,供学生远程学习;学校把信息放到网上,共享教学资源

三、校园网的教育应用

一般而言,校园网的功能有内、外之分,对内以教学、科研和行政管理为主,对外则通过因特网建立远程访问系统,实现师生的远程访问以及远程教学。具体来说,校园网的教育应用主要体现在以下几点。

（一）应用校园网对教学过程提供直接支持

校园网可以为教师制定教学计划和开展备课、授课活动提供网络环境。教师可以通过校园网进行教学，与学生进行互动，给学生布置作业以及答疑等。学生可以在网上接受指导和获取新知识，而且可以通过网络课件进行自主学习，与教师和同学进行网上交流。

（二）应用校园网支持学校的日常办公和管理

建立在校园网基础上的学校管理信息系统可以为学校在人事、教务、财务、日程安排、后勤管理等方面提供一个先进的分布式管理系统，使学校内部真正实现无纸化办公，节约开支。利用校园网学校各部门均能方便、快捷地获得其他部门的信息，提高工作效率。利用校园网学校各部门之间能实现信息共享、融合，增强透明度。

利用校园网提供的通信功能，可向学校各部门和教职工、管理人员发布各类通知、布告等信息，甚至可以召开电子会议。

（三）可以与互联网连接

与互联网的连接是校园网的重要应用之一。校园网不仅能提供区域性的教育资源传输和共享，能实现与因特网的连接，实现基于因特网的通信与资源共享；还能将教育部门、学校、家庭之间连接起来，实现三者的相互沟通；还能提供多种网络信息服务，包括因特网服务与教育卫星、电子公告和视频会议、IC卡服务及校外服务（PSTN）等。校园网与互联网连接极大地扩展了师生获取信息的途径，增强了校内外的沟通，并且可以自由地发布教育信息。

此外，利用校园网还可以建立数字图书馆，为学校的教学、科研及管理提供图书情报资料服务，使师生能很方便地共享各种资源。

总之，使用互联网和校园网的最终目标是优化教学过程和教学资源，以达到教学效果的最优化。

第三节　信息技术与数字化学习资源中心

随着网络的发展，数字化学习日益成为一种新的学习趋势，数字化学习资源成为学生获取知识的重要来源。在信息技术的支持下，学习资源经过数字化处理，可以在多媒体计算机上或网络环境下运行，供学生自主、合作学习，且可以实现共享，由此形成数字化学习环境。在这个环境中，数字化学习资源中心存放着一大批有合理编目和索引的各种学习媒体资源，并配有视听设备、计算机终端、外连接口和其他支持多媒体的设备，如数字图书馆、虚拟实验室等。利用数字化学习资源中心可以开展多样化的学习活动，有利于培养学生个别化自主学习和研究性学习的能力。

一、数字图书馆

数字图书馆是用数字技术处理和存储各种图文并茂文献的信息库，几乎所有的图书信息都能以数字化形式获得。数字图书馆把各种不同载体、不同地理位置的信息资源用数字技术存储，以便于跨越区域、面向对象的网络查询和传播，读者可以通过网络访问图书馆的文献数据库系统。数字图书馆又称虚拟图书馆，即在本地图书馆之外，还有许多外地图书馆可联机访问，电子信息中心和电子杂志中心也是数字图书馆的重要成员。

（一）数字图书馆的主要功能

1.基本功能

数字图书馆提供的对外服务是以先进的网络环境为基础的开放服务。数字图书馆系统采用浏览器或服务器的方式，向终端用户提供数字图书服务。从理论上而言，数字图书馆是一种引入管理和应用数字化的物理信息对象的方法，具有以下几项基本功能。

第一，将各种信息资源的载体数字化。例如，对各种文化遗产的珍本、善本用扫描仪进行数字化处理。

第二，可以储存大量的数据，并进行有序、有效的管理。面对大量的数据，采用一种接近于联机的技术，将数据存放在光盘自动存取装置或自动化的磁带库中。新出现的因特网数据中心，使用存储局域网（SAN）、附网存储（NAS）或集群存储等技术，均适合海量存储信息。

第三，组织有效的访问和查询。寻找和访问的技术从文本扩展到多媒体文件。分类功能、内容查询和导向工具均适用于多媒体数据。

第四，将数字化资料通过网络进行发布和传送。

第五，采用系统管理，对版权进行保护。

2.社会功能

数字图书馆是传统图书馆的创新与发展，是传统图书馆自动化发展的高级阶段，因而也具有传统图书馆的社会功能。

第一，为个人以及社会的发展提供动力。一方面，数字图书馆就像传统的图书馆那样，能够成为个人学习和实现终身教育的平台；另一方面，数字图书馆的数字技术为知识的贮存提供了海量的空间，也打破了知识传播的时空限制，使人们能更有效地利用知识，从而推动社会的进步发展。

第二，有助于消除信息鸿沟，实现信息公平，使不同区域得到均等化的发展。数字图书馆实现了信息资源的共享，这使不同区域、不同国家的人可以跨越时空限制公平、公开地获取信息，有效消除信息鸿沟。

第三，开展网络导航，净化网络信息资源环境。网络信息的来源多种多样，但大部分信息都没有经过规范的加工整理，无法使用户在浩瀚的信息海洋里快速找到目标信息。数字图书馆则承担了信息组织加工的整理工作，把杂乱无章、分散的网络信息集中起来，有规律地对其进行分类、过滤，将有价值的信息传递给用户。

第四，开发智力资源，利用网络资源进行教育。智力资源的开发，主要是开发馆藏文献资源；开发网上信息资源；开发用户的智力，培养用户科学思维的能力。数字图书馆将有用的网络资源传递给读者，充当了信息传递的中介角色，由此应担负起教育者的角色，即向读者介绍网络信息的概况，传递与信息相关的法律规章制度，介绍信息检索方法等，帮助读者快速地检索到目标信息。另外，数字图书馆还能指导读者如何使用检索工具、软件，如何使用新型媒体等。

第五，开展社会教育。数字图书馆存储的知识信息几乎包括所有的学科专业，包括不同深度的内容，能满足各类专业、各种职业、不同文化程度用户的需要。它能通过数字化、网络化的传递手段，进行网上教学、远程教育，因而可以真正构建"无围墙的大学"。从这个意义上讲，数字图书馆不仅是一种重要的社会教育机构，还是学校教育的重要组成部分。

第六，传递适用信息。数字图书馆收藏各种各样的信息，包括政治、经济、文化、科技、生活等。通过对信息加以整理，开发信息产品等方法向用户传递普通信息。数字图书馆还可以向领导机关传递决策信息；向生产技术、科研单位传递科技信息（含工艺、标准、专利、图纸等）；向投产、营销企业传递市场信息；向城乡居民传递投资、消费、商品质量信息；向农村农业发展传递种养与加工技术信息。

第七，提供文化休闲服务。数字图书馆中的各种知识，可以满足各类人群的需求。用户可以利用数字图书馆听音乐、看电影，以放松心情。此外，数字图书馆还具有通信功能与宣传功能，保存人类文化遗产的功能等。

（二）数字图书馆的特点

数字图书馆具有以下几方面的特点。

1.信息处理的数字化

传统图书资源一般为印刷品，而数字图书馆的所有资源均以数字形式存放在物理介质上。经过数字化处理的信息，保存时间长，可以在互联网上传递，方便用户远程检索。

2.信息传递的网络化

计算机网络是数字资料传输的通道。基本的传输网络是数字资料有效传输的环境，只有在高速的网络环境下才能进行多媒体传送乃至视频点播等数据量非常大的服务。用户可以通过本地局域网、有线电视网和互联网来获取各种数据信息。尤其是通过国际互联网，在任何时间、任何地点都可以进入数字图书馆，获取符合自己需求的信息内容。

3.管理的数字化

数字图书馆是计算机管理与网络管理的有机结合，每一个图书馆使用者都有一个对应号码，每一本图书、每一份资料也都有一个对应号码，这样利用数字就可以管理所有的使用者及所有的图书馆资源。

4.信息检索查询方便有效

数字图书馆的信息获取方式是通过现代化技术手段和专门的读取设备，将用户和各个信息服务中心连接起来，以便提高检索效率和传播效率。图书查询服务能利用各种查询方式帮助读者查询图书。如果不知道书名，还可以用作者查询或模糊查询，除此外还有主题词、关键词及索书号等其他查询方式，查询结果会以尽可能详细的分条目形式展现给读者。如果某家图书馆没有所需资料，输入另一个网址，即可到另一家图书馆查找。

5.信息资源的开放性

数字图书馆可以为所有人服务，没有人数、开放时间的限制。数字图书馆是基于网络的系统，由于网络的开放性，有相应权限的用户可以享受在任何地点、任何时间通过上网获得查询信息、预约文献及漫游浏览各种信息等多种服务。这些服务是多方面、多形式、多层次的，除此外，还可以在网上与相关学者、专家探讨交流。

6.信息资源的及时性

数字图书馆可以让读者了解到最新的科技动态，学习最新的科技内容，传统实物图书馆因为图书出版周期等问题，往往使读者不能及时了解最新的发展动态。

7.信息的安全及用户权限管理

为防止非法访问，确保资源不被滥用，数字图书馆非常重视各种用户权限的管理及版权问题，保护版权的途径有应用数字水印技术和建立合理的数字资源管理系统等。

8.系统的局限性

数字图书馆有一定的局限性，如数字化文献必须借助一定的硬件设备和软件才能被用户所利用。而且数字图书馆是一个开放性的系统，复制成本低，知识产权容易受到侵犯。

（三）数字图书馆的教育应用

数字图书馆在教育领域的应用，主要服务于科研、教学、素质教育、远程教育这几个方面。

1.科研

科研课题的开展需要大量的信息资源作为支撑。而通过数字图书馆，研究人员可以快速地获取到最新的、最前沿的研究动态和研究进展资料，从而使零散无序的信息变成整体有序的宝库，使数字图书馆充分发挥其科研服务的功能。

2.教学

数字图书馆中丰富的学科资源是教师备课和开展教学研究活动的教学资源，教师从学科资源库中下载自己所需要的素材，经过加工整理，最后形成Power Point课件或者基于网络的CAI课件。其专题学习网站及网络课程等网络教学资源，可用于教学或供学生在线学习。

3.素质教育

数字图书馆为开展自主探究式学习、专题研究式学习和小组项目协作式学习等多种学习模式提供了丰富的资源，为开展多种素质教育活动提供了良好的环境，有利于培养学生的信息素养、学习能力、合作能力和创新能力。比如，利用数字图书馆开展问题探究式的学习模式，可以充分发挥学生的主观能动性，培养学生的探究能力、自学能力及协作能力等多方面的能力，使学生发掘和掌握的知识量呈倍数级增加，而且易于记忆和理解。

4. 远程教育

大型联网图书馆有丰富多彩的网络学习资源，如网络期刊、电子图书、参考工具资料、政府信息、新闻、图书馆网上公共目录、学位论文数据库、电子论坛及各类网络学习资源指南等，为人们终身学习和实施远程教育提供了丰富的信息资源，学生在如此海量的信息中学习将会事半功倍。

从教育角度看，数字图书馆是一个巨大的教育资源库，同时也是一个资源学习环境。数字图书馆不仅给学生带来学习资源，还带来了信息时代新的学习观念、习惯和模式。在新学习理念的指导下，学生的探究性学习、自主性学习及合作性学习等学习模式将日益普及并流行，学生的科研、协作、自学等能力将得到有效的培养。

（四）我国主要的数字图书馆

我国主要的数字图书馆有中国数字图书馆、超星数字图书馆、中国期刊网等。

1. 中国数字图书馆

中国数字图书馆是目前我国规模最大的数字图书馆，该网站内容覆盖经济、文学、计算机技术、历史、医药卫生、工业、农业、军事及法律等22个门类。该网站图书的数量还在不断增加，每天约增长20万页。

2. 超星数字图书馆

超星数字图书馆设文学、历史、法律、军事、经济、科学、医药、工程、建筑、交通、计算机和环保等几十个分馆，目前拥有数字图书十多万种，覆盖范围包括51个学科分类，涉及哲学、宗教、社科总论、经典理论、民族学、经济学、自然科学总论、计算机等各个学科门类。

3. 中国期刊网

中国期刊网是中国学术期刊电子杂志社编辑出版的，以《中国学术期刊（光盘版）》全文数据库为核心的数据库，目前已经发展成为"CNKI中国知网"，其中收录了1994年至今7000多种期刊全文，并对其中部分重要刊物回溯至创刊，并收录了大量的优秀博、硕士学位论文，覆盖了理工、社会科学、电子信息技术、农业、医学等专题。其数据每日更新，支持跨库检索。中国期刊全文数据库采用有偿服务的方式，为人们提供资料和大量的信息。

除以上几个规模比较大的数字图书馆，我国很多单位、教育机构建立的数字图书馆也在不断地完善与发展之中。

二、虚拟实验室

虚拟实验室是指在软、硬件结合的前提下，用户通过网络访问虚拟系统，运用各种虚拟实验仪器、仪表设备等，对建立起来的实验室模型进行实时仿真的虚拟教学环境。虚拟实验室不但可以为实验类课程的教学改革及远程教育提供技术支持，还可以随时为学生提供更多、更新、更好的虚拟设备环境。

（一）虚拟实验室组成

虚拟实验室由虚拟实验台、虚拟器材库和开放式实验室管理系统组成。虚拟实验台与真实实验台类似，可供学生自己动手配置、连接、调节和使用实验仪器设备。教师可利用虚拟器材库中的器材自由搭建任意合理的典型实验或实验案例。

归结起来，虚拟实验室也是由硬件体系、软件体系构成的。

1.硬件体系结构

硬件体系结构由服务器、数据库系统、实验仪器及合作工具、客户端终端机组成。

（1）服务器。服务器用于处理大量模拟操作数据，可以选用PC Server或SUN、IBM小型机等，具体配置可根据实验室的建设规模、实验室类型及经费等决定。

（2）数据库系统。用于存储模拟数据初始条件和边界条件以及实验结果数据。

（3）实验仪器及合作工具。具有计算机接口并且连接于网络。

（4）客户端终端机。任何连接到网络的用户通过客户端浏览器可以方便地进入虚拟实验室管理界面，根据不同的训练内容或课题内容需要进入不同的实验室空间，实现在线浏览、在线仿真、在线控制，甚至可以下载软件至客户机，在本地进行仿真或进行远程控制，还可上传文件至服务器，实现与其他用户的在线交流等。

2.软件体系结构

虚拟实验室的软件体系结构包括管理系统、实验系统及帮助系统三类，每个系统又由很多子模块构成。

（1）管理系统。管理系统包括系统管理、工程管理、用户管理、教学管理这四个功能模块，具体如表2-3所示。

表2-3 管理系统下各模块的功能[①]

模块	功能
系统管理	对虚拟实验室软、硬件系统的资源管理
工程管理	对协作体内的协作项目进行全过程管理
用户管理	对使用该系统的用户权限进行管理
教学管理	包括学籍管理、成绩管理和实验教学过程管理等

（2）实验系统。这是实验教学的核心，包括共享资源模块、实验教学工作模块、教师工作模块、学员置疑模块、讨论区、网上考核系统六个功能模块，具体如表2-4所示。

表2-4 实验系统下各模块的功能

模块	功能
共享资源模块	实现信息资源和软件资源的共享
实验教学工作模块	包括实验内容、实验要求、实验平台及实验结果提交等
教师工作模块	供教师批改作业、回答学生问题
学员置疑模块	供学生提问，以备教师查看并解答
讨论区	提供一个共同探讨技术问题的空间，使学生和学生之间、学生和教师之间可以进行"面对面"的技术交流
网上考核系统	包括试题库、注册系统、试题生成模块、考卷批阅系统、成绩查询系统等

①周树海：《现代教育技术》，北京师范大学出版社，2011，第391页.

（3）帮助系统。帮助系统的构成要素包括系统用户手册、实验模块功能使用帮助等，其主要功能是根据用户的水平自动提供一些在线问题解答或指导。

（二）虚拟实验室的主要功能

虚拟实验室主要有以下几方面的功能。

1. 学习功能

让学生通过使用虚拟仪器或模拟装置来熟悉实验过程，掌握相关技术，从而能在单独使用模拟环境时进行各种实验操作。

2. 辅助设计功能

在分布式网络环境下，运用辅助设计软件进行系统的设计与分析。例如，EDA模拟软件就可以将仪器、仪表、模拟器件、数字器件等直观地反映在计算机屏幕上，可以灵活地改变电路结构和参数，反复观察实验的结果，并动态显示实验结果。

3. 协同实验和研究功能

网络虚拟实验室利用当前网络技术和设施，使参与试验的人员在远程相互合作，进行实验研究，为分布在各地的研究人员提供共同解决一个项目的环境。

4. 仿真研究功能

虚拟实验室可以根据人们的设想完成现实无法完成，或者成本很高的实验项目，如武器效能评估、车辆碰撞效果分析等。

（三）虚拟实验室的主要特点

虚拟实验室主要具有以下特点。

1. 开放性

虚拟实验室建成后，网上实验具有了很大的开放性，实验者不再受空间的限制，在很大程度上也不受时间的制约，可随时随地进入虚拟实验室网站开展实验活动。

2. 经济性

传统实验需要借助于具体的实验设备，这些实验设备大多价格昂贵，且损耗大，是一般学校难以承受的。而网络中的虚拟设备则克服了这些不足，能够供教学反复使用，提高办学效益。

3.共享性

基于网络的虚拟实验室，不仅可以供本校学员使用，也可以供其他学校学员使用，不同学校之间可以共享资源、优势互补并交流经验。

4.交互性

学员与教师之间、学员与学员之间可以充分利用网络通信功能，进行实时或非实时的交流，便于解决问题和协同实验。

5.协作性

在协同虚拟环境技术下，可以实现合作实验、远程实验、协同研究等。

6.安全性

实体的实验室，危险性比较大，一旦操作出现失误就很容易对人身造成伤害，对财产造成损失，而虚拟实验室能够有效地避免这个问题。

（四）虚拟实验室的教学应用

虚拟实验室的教学应用主要表现在以下几方面。

1.开发高新技术的虚拟实验

由于虚拟实验室不受现实设备及环境的限制，可以采用基于网络的虚拟技术来开发现实中由于受经费或场地限制一时无法实现的高新技术实验，能很好地引导学生接触新知识、新技术。

2.建立新型实验场所

虚拟实验可利用多媒体技术、仿真技术与虚拟仪器技术相结合的方法，设计（生成）各种仪器设备。这些仪器设备并不是实体的，而是根据教学需要生成的，并能随着教学内容的不断更新，使实践操作训练也能及时跟上测试技术的发展。

3.进行远程实验教学

在有限的资金下，基于网络的虚拟实验室为学校创造了一个先进而又灵活的实验教学环境。课堂教学不再局限在有形的实验室中，学生动手操作实践的空间和时间得到无形地扩展，这样在远程教学中的实验教学内容，将通过互联网得以实现。

一些高校扩大招生后所设置的分校和远程教育教学点，创建了基于网络的虚拟实验室，是少投入多产出、资源共享的一种全新的办学理念，也是高校未来发展的必然选择。

第四节 信息技术与计算机网络教室

计算机网络教室是目前国内各类学校广泛使用的一种网络教学系统，它利用网络技术和多媒体技术，将若干台多媒体计算机及相关网络设备连接成一个小型局域网，集普通的机房、语音室、视听室、多媒体教室等功能于一体，为提高教学质量、构建协作化学习环境创造了良好的技术基础。

一、计算机网络教室的系统构成

（一）硬件构成及分类

计算机网络教室的硬件构成主要包括服务器、多媒体教师机、多媒体学生机、交换机等。机房中教师机和学生机等网络设备的布置方式一般有普通教室型、U字型、小组协作型、综合型等。具体实施时可依据教学需要和教室的空间结构等因素设计摆放布局。

1.普通教室型

普通教室型计算机网络教室是在普通机房中安装一台投影机、一个大银幕以及一台多媒体教师机。这种类型的网络教室大多用于以教师为中心的课堂讲授和演示，也可用于创设支持学生自主学习的情境。这种类型的网络教室结构简单，投资较少。

2.U字形

U字形计算机网络教室打破了普通机房的布局，将学生机布置为两边机器靠墙，中间机器背靠背的结构。这样教室里可以有宽敞的过道，便于教师与学生交流，进行个别辅导。

3.小组协作型

小组协作型计算机网络教室是以方便学生开展小组协作学习为目的，依据教室的面积和结构，将若干台学生机布置成环状结构。

4.综合型

综合型计算机网络教室综合了普通教室型和小组协作型计算机网络教室的优势，这种类型的网络教室既可以支持以教师为中心的课堂讲授和演示，又便于开展小组协作学习。

（二）软件构成

计算机网络教室的软件主要由系统软件和网络教学系统构成。

1.系统软件

系统软件主要是师生使用的操作系统。服务器还应安装代理软件，使学生机用户可以通过服务器访问校园网或因特网。

2.网络教学系统

网络教学系统是指在计算机网络系统的基础上，为开展网络多媒体教学所提供的控制系统，按照控制信号传输方式的不同，可以将计算机网络教室的教学系统分为以下两种类型。

（1）基于软件方式的多媒体控制。这种方式是在计算机局域网的基础上，利用专用的软件进行教学控制和数据传输，是目前网络教学系统的发展方向，常见的产品有 Hi Class、LanStar、四海多媒体网络教室、红蜘蛛多媒体网络教室、赛思多媒体网络教室等。这种方式无须额外的硬件设备，成本低、容易升级，但系统太依赖于操作系统及网络性能，因此在稳定性上稍有欠缺。

（2）基于硬件方式的多媒体控制。这种方式需要给每台计算机安装多媒体传输卡。在各计算机之间直接铺设多媒体线路传输音、视频信息，配置专用的控制面板，用于教学控制。不过，基于硬件方式的多媒体控制费用较高，目前已逐渐被软件方式所代替。

二、计算机网络教室的功能

虽然计算机网络教室既有基于硬件的，也有基于软件的，但从用户的角度来看，它的功能主要有教学功能、示范功能、交互控制功能、监视功能、学生控制功能、分组讨论功能、电子举手功能和快速抢答功能等。此外，还有学籍管理功能、联机考试功能、专业化网络连接考试功能、媒体控制功能、数码录音功能、自动辅导功能等。

三、网络教室的典型类型——语言实验室

语言实验室又称语言学习系统，主要用于语言教学、训练和研究等，最早

是由录音机、耳机等听觉设备与教师工作台组合而成的，如今语言实验室已由最初的听音型语言实验室向视听型、数字网络型语言实验室发展。

（一）语言实验室的类型

语言实验室有很多不同的种类，常见的有以下几种类型。

1. 听音型

听音型语言实验室，只有单向语音传输功能，通常有两种组成方式：有线听音式和无线听音式。在听音型语言实验室里，教师通过控制台上的话筒进行讲授，师生之间、学生之间不能进行互动，学生也无法检测自己的发音是否正确，但是其设备简单、使用方便，因此在教学中的应用比较广泛。

2. 听说型

听说型语言实验室，兼具放音和师生对话功能，师生均有耳机和传声器，一般还设有隔音座位。但是学生座位上没有录音机，所以学生无法自己录音，也就无法完成听说对比练习。

3. 听说对比型

听说对比型语言实验室，除师生能够对话外，学生可以录制教师播放的录音教材和自己的口头练习，以进行对比。

4. 视听型

视听型语言实验室，其实就是多媒体学习型语言实验室，它在听说对比型的基础上，在多种多媒体教学软件的支持下，可同时播放幻灯、视频等视觉信息，语言情景真实、生动。

（二）语言实验室的教学功能

基于网络教室的语言实验室具有多种功能和交互作用，学生可以选用不同难度的教材，教师通过监听学生的学习，有针对性地进行个别通话辅导，实现因材施教。由于多媒体系统具有交互性，师生可以直接进行双向交流，能促进学生进行探索式、发现式学习，还能创造一个不断提出问题的氛围，充分调动学生学习的积极性。此外，语言实验室教学还具有即时反馈与评估的功能。具体而言，基于网络的语言实验室的教学功能在于其可以展开语音语调训练、听力训练、会话训练、句型训练、跟读复述训练和口译训练等。

当前的时代是数字化的时代，网络和数字媒体使得人们的思维方式、生活方式、工作方式等发生了翻天覆地的变化。在其影响下，人们的学习方式也发生了巨大变革，即数字化学习逐渐兴起。数字化学习的实现，离不开数字化学习环境的有效建设。本章将对数字化学习环境建设的相关内容进行详细阐述。

第一节　数字化学习环境的内涵

随着社会对应用型人才和创新型人才的需求，开放式的教学环境日益受到人们的关注。信息化技术尤其是互联网的普及应用，将可以学习的物质环境从教室、实验室等物理环境向基于网络的数字化学习环境拓展，由此带来学习环境概念的变化。[①]相对于教室、实验室等真实的学习环境而言，数字化学习环境存在于网络虚拟空间，因而也被称为虚拟学习环境。

一、数字化学习环境的概念

对于数字化学习环境的概念，国内外的学者从不同的角度进行了理解与界定。有不少学者认为，数字化学习环境就是借助于一定的技术手段，通过对课

---

① 林琳：《新时代教育信息化理念与创新探索》，中国农业出版社，2023，第47页.

堂教学方式的模仿而创设一种纯粹的数字化虚拟环境。[①]不过，从本质上来说，这样的数字化学习环境与传统的课堂教学是一致的，仅仅是运用数字化的方式对传统的课堂教学进行了重新呈现。因此，这一数字化学习环境的概念是不够科学的。

对于数字化学习环境来说，其更为贴切的概念应该是，将课堂学习与网络平台（这一网络平台的开发是以信息技术手段为基础的，并有助于有意义学习的实现）进行有机融合的混合式学习环境，它对传统课堂学习环境进行了拓展与延伸。数字化学习环境要对学习活动中虚拟学习环境所具有的支持作用进行充分考虑，以促使学生在学习中能够有效地解决遇到的问题，并与其他学生通过有效地交流、合作与反思来实现有意义的学习。

对数字化学习环境的这一概念进行深入分析，可以发现其包含以下几方面的具体内容。

第一，数字化学习环境是一个物质环境，相对于传统的学校物理环境，它是随着计算机技术，尤其是互联网技术发展而来的，是一个虚拟环境，其呈现形式是一套复杂的软件系统。

第二，数字化学习环境是一个基于信息技术的学习空间，而不是具有学习内容和学习活动的学习情境。从上一章的讨论中可以看出，在学校构建的数字化学习物质环境（学习空间）中，教师或其他教学人员需要进行一定的教学设计，将其与人的因素和其他非物质因素有机整合起来才能构成面向学生的学习环境，即学习情境。

第三，数字化学习环境中需要包含多种技术系统（或工具）以便支持多种教学模式，如维基百科（Wikipedia）定义的辅助传统的面对面课堂教学活动的教学模式，乔纳森（David·H·Jonassen）描述的以学生为中心的协作式、研究性的学习模式，毕业论文研究模式等。

第四，数字化学习环境的参与者不仅仅包括学生和教师，还包括教育机构中的教学设计人员、教学的管理者和评价者。学生基于该环境进行学习，教师进行教学，教学设计人员进行教学内容和教学活动的预先设置以及学习过程中的协助和支持，教学的管理者和评价者分别进行教学过程的管理和监控，以及

[①] 经济合作与发展组织：《教育数字化转型：人工智能、区块链和机器人技术如何赋能》，上海教育出版社，2023，第17页.

教学结果的评价和分析等。因此研究的问题不仅局限在教与学的过程，还存在于教学的管理、监控和评价过程。

第五，数字化学习环境不仅仅是一个概念框架，还是一套复杂的软件系统，需要研究该软件系统的体系架构和开发技术，并考虑它作为高校数字校园的一个有机组成部分与数字校园系统的技术整合问题。

二、数字化学习环境的有效性

界定数字化学习环境的有效性可以从"技术有效性"和"有意义学习"两个方面进行描述。[1]

1.技术有效性

在数字化学习环境中，学生要想顺利实现有意义的学习，就必须借助于一些有效的技术。同时，在对数字化学习环境中的技术使用情况进行衡量时，必须借助于有意义的学习属性这一重要的标准。因此，应进一步改变信息技术的应用观念，即将"从技术中学习"转变为"用技术学习"，使技术真正成为学生的伙伴，能够帮助学生深入地思考问题、有效地解决问题。[2]

2.有意义学习

美国教学设计专家戴维·乔纳森曾对有意义学习进行了深入研究，认为其具有以下几个鲜明的属性。

第一，有意义学习是积极主动的学习，即学生在开展学习活动时，对于任何一项有意义的任务都会积极参与，也会与所处的环境进行良好互动，还会对自己学习过程以及学习结果进行自觉的反思。

第二，有意义学习是建构的学习，即学生在学习过程中，能够以自己已有的知识为基础，对新学习的知识或观点进行整合与同化，继而建构出新的知识，并在新情境中对其进行有效运用。[3]

第三，有意义学习是有意图的学习，即学生在学习过程中会提前确定一个认知目标，并通过自愿地、积极地学习与思考来实现该目标。在这一过程中，

①邓宗勇:《现代教育技术:走向信息化教育》,北京教育出版社,2019,第28页.

②马静:《教育信息化背景下教师提升研究》,吉林人民出版社,2021,第52页.

③聂凯、杨晓飞:《信息化视域下现代教育技术理论与实践研究》,吉林人民出版社,2019,第38页.

当学生能够对自己所学的内容进行清晰表达，能够对自己的学习过程以及自己在学习过程中所需要的决策进行反思时，便能对自己在新的情境中所建构的知识进行更好的理解与运用。

第四，有意义学习是真实的学习，即学生的学习环境是复杂的、情境化的，而情景化的学习环境是建立在现实生活的基础之上的。在这样的学习环境中，学生会接触到很多复杂且现实的问题，需要通过自己的学习对这些问题进行有效解决。

第五，有意义学习是合作的学习，即学生的学习处于知识共同体和学习共同体之中，学生之间通过知识的交流与分享，可以获得新的知识与新的观点。

第二节　　数字化学习环境的设计

数字化学习环境的科学设计，对于数字化学习的效果会产生极其重要的影响。因此，要高度重视数字化学习环境的设计。

一、数字化学习环境设计的前提

在进行数字化学习环境建设时，一个重要的前提是对数字化学习环境进行深入的分析。由于教育机构在构建数字化学习环境时涉及的因素众多，又面临时间和经费的约束，因此需要将该系统的构建作为一个项目来管理，要基于项目管理的思想和方法分析。具体来说，对数字化学习环境进行分析应从以下几个方面着手。

（一）机构的现状分析

对机构的现状进行分析，主要是分析机构与信息化相关的现状，具体包括以下几方面的内容。

1.机构的组织结构

这里以大学为例进行说明。大学是一个庞大的组织机构，与数字化学习环境构建直接相关的有三类部门：一是教学行政管理部门（如教务处、研究生院、继续教育学院、网络学院等）；二是提供技术支持的部门（如教育技术中心、网络信息中心等）；三是各个学院和系部。

分析这部分的重点是确定这三类部门的组织结构是否能适应信息化工作的需要，以及这三类部门之间是否建立了信息化协调配合的机制。

2.信息化基础

信息化基础，包括硬件基础和软件基础。其中，校园网的硬件基础设施的建设是否已经具备实施大规模网络教学（或网络辅助教学）的条件，教学应用软件和其他相关软件（如数字校园的统一门户、统一身份认证系统、统一数据中心等）和即将构建的数字化学习环境是否兼容和匹配等，是信息化基础的关键。

3.人员素质

人员素质主要指的是管理人员、技术人员和学科教师的信息技术素养等。

（二）项目的目标和需求规划

从机构的角度来看，需要制定技术系统建设的长期、中期和短期规划，而规划内容不仅包括本系统的建设目标和构成，还要包括与其他相关系统的关系和整合问题。

此外，系统的建设目标和构成主要从教育的层次和培养目标、学生的类型、教育的组织形式等方面分析。教育的层次和培养目标、全日制学生和业余时间学习的学生、面向工作的培训和授予学位的系统性教育等因素都会影响机构的教学组织方法，从而影响数字化学习环境的需求规划。

（三）信息化的项目建设方式

信息化项目的建设方式一般有三种：一是机构自主开发；二是购置现有的软件；三是与校外机构合作进行项目化定制。无论哪种方式，数字化学习环境的设计开发流程都是相同的，差别在于整个流程的不同环节在教学机构内部还是外部进行。若在外部进行，则需要依托外部的技术力量，在这种情况下，需要加强协商对内和对外的工作计划和进度安排，协调内、外两个团队之间的运作和互动，评价项目阶段性结果等。

（四）项目的资金预算和时间要求

在以上三方面分析的基础上，要初步提出项目的资金预算，并进行初步的时间估算。

二、数字化学习环境设计的维度

数字化学习环境设计的维度主要有三个，即学习内容、学习支持系统和师生关系。

（一）学习内容设计

在进行数字化学习环境设计时，学习内容设计是一项极为重要的内容。在进行具体的数字化学习内容设计时，需要切实遵循以下几个原则。

1.知识性原则

学生对知识进行学习与掌握，最为根本的目的是对世界进行认识与改造，对自己在现实生活中遇到的实际问题进行有效解决。因此，数字学习内容的设计必须遵循知识性原则，具体包括以下几方面的内容。

第一，要围绕学生需要掌握的核心知识进行数字化教学内容设计。

第二，所设计的数字化学习内容要能够帮助学生不断增强自己的知识运用、迁移、创新能力以及解决实际问题的能力。

第三，所设计的数字化学习内容要能够帮助学生对学科重点概念和学科知识结构进行有效把握。

2.深度性原则

数字化学习内容设计的深度性原则，指的是所设计的内容要有一定的深度，方便学生进行深度学习。对于学生来说，进行深度学习具有十分重要的意义，具体表现在以下几个方面。

第一，学生通过深度学习，能够对所学的知识进行批判性分析，继而更好地理解和掌握知识。

第二，学生通过深度学习，能够更好地将新知识与自己原有的知识进行有机整合和有意义构建，继而获得更为稳固且持久的知识。

第三，学生通过深度学习，能够更好地将所学知识运用到实践之中，继而有效解决自己在现实生活中所遇到的部分问题。

3.实践性原则

学生在学习了一定的知识后，要想对其进行正迁移和合理内化，必须借助于具体的实践。在真实的活动之中，学生能对原有知识进行正向迁移与内化，并获得新的知识。

（二）学习支持系统设计

在设计数字化学习支持系统时，要尽可能使作为数字化学习环境支撑工具的技术在学习环境中发挥重要的作用。建构主义者认为，学习环境是由众多的要素构成的，大致来说可以分为七类，即活动、情境、资源、工具、支架、学习共同体和评价。因此，使作为数字化学习环境支撑工具的技术在学习环境中发挥作用，也就是使技术能够在上述要素中发挥作用。比如，在进行数字化学习环境构建时，可以借助于网络技术和数据库技术为学生提供丰富多样且优质的数字资源库；可以借助于仿真技术、虚拟现实技术等营造尽可能真实的学习情境，以便学生能够获得良好的学习环境。

（三）师生关系设计

教学中应该是教师处于中心地位还是学生应该处于中心地位，不同的学者有着不同的观点。其中，客观主义者认为，教师应该在教学中处于中心地位；而建构主义者则认为，教学中处于中心地位的应该是学生。这两种观点都是十分极端的，正确的做法应该是对两种观点进行有机融合，继而建立一种均衡的教学模式，即混合式学习模式。

混合式学习模式是建构在教学中教师居于主导地位，学生居于主体地位的师生关系基础上的。在这样的师生关系中，既体现了教师在教学中所具有引导、组织和监控的作用，也体现了学生在学习中主体性和自主性的特征。同时，在这样的师生关系中，有助于形成民主、和谐的教学和学习氛围，从而使教师能够有效地引导和启发学生进行有意义的学习和有意义的知识建构，继而获得丰富的知识并对其进行有效运用。

三、数字化学习环境设计的内容

（一）数字化学习环境的总体结构

数字化学习环境的总体结构，包括以下两个方面的内容。

1.数字化学习环境的教学框架

数字化学习环境的建设有三个重要的目标：一是教师的教学设计，创建学习情境进而促进学生的学习；二是促进教学管理，即数字化学习环境需要支持教学管理者对教学进行组织、管理和评价；三是支持教学成果与教学资源的对外展示和共享。

为了达成上述三个目标，在构建教学系统时就需要从两个视角来分析数字化学习环境的系统构成。一个视角是课程教学的微观视角，即需要构建什么样的系统才能支持教师和学生的教与学。当前，已有大量的研究从这一视角出发对构建学习系统的思路和方法进行了探讨。这些研究的基本思路是从学习理论和教学理论出发，归纳、总结一些教学模型（如结果参照的基于条件的学习模式、合作式学习、认知学徒制教学模式、整体任务教学模式、模型促进的学习模式等），为教学设计和学习系统的构建奠定理论基础。系统构建时对上述教学理论和模型的参照并不是直接的。上述理论和模型为教师设计学习情境提供了理论基础，会间接影响学习系统的构建，由此可以形成多种多样的教学系统。从教学理论到具有可操作应用的教学系统需要大量的研究和设计工作。另一个视角是机构的宏观视角，即需要构建什么样的系统才能完成机构对教学的组织和管理。由于教学的最终目标是学生学业成就的提升，因此，需要从分析学生在学校中的相关活动入手。

大致而言，可以将围绕学生的教学组织与管理工作分为五类，分类构建相应的系统。第一类系统针对教学事务管理，即学生从入学到最后毕业离校的事务管理；第二类系统围绕学科课程进行教学组织；第三类系统围绕非学科课程形式的教学项目（教学环节）的教学进行支持，这一类教学项目也被称为活动课程，它是与学科课程相对应的，以围绕学生的发展需要和兴趣爱好为中心、以活动为组织方式的课程形态；第四类系统是对教学成果和资源进行管理、评价与对外共享展示；第五类系统是对数字化教学资源的管理，随着信息技术和网络在教学中应用的日益普及，尤其是教学管理和教学过程数字化程度的不断提高，上述教学系统中分散的数字化教学资源的管理和共享就成为教学组织的一个新问题，就需要构建相应的系统。

围绕数字化教学环境的三个目标与上述五类系统相互关联构成一个复杂的系统。根据学校教学的组织方式和各系统之间信息共享的紧密程度，可以将上述教学系统分为三层，由此构成综合数字化学习环境的教育学框架。

最底层是教学事务管理层，在这一层中包含教务管理的众多系统。之所以将其放在最底层是因为教学事务管理不仅是机构对教学组织与管理的基本工作，而且管理过程中产生的基础数据要被其他系统共享。将数字化教学资源管理系统放到最底层的原因也是因为教学资源要被其他系统共享。

中间层是围绕学科课程和非学科课程形式的教学项目的系统。围绕学科课程的学习系统包括辅助课程讲授的通用教学系统和面向协作活动的研究型学习系统。不同的课程可能会采用不同的教学模式，但大多数课程会在不同的教学阶段采用不同的教学模式，因而需要不同的教学系统支持。当一个课程中需要不同的教学系统支持时，这些系统之间就需要围绕同一课程中的学生和教师共享相同的教学数据与资源，如教师团队、教学计划与安排、教学资源、教学评价与管理数据等。而支持非学科课程形式的教学项目系统、学生的一些自主学习系统、基于学习社区的博客系统等系统不是以课程为单元组织的，因此它们之间不会有紧密的信息互换，但是这些系统之间也需要教学资源的共享。

最上层的系统不支持师生的日常教学活动，但其对外展示和共享的教学成果和教学资源均来自下面两层系统。由于来自外部的需求不同，教学活动和教学资源对外展示的形式也不同，如精品课程项目需要以课程为单元展示课程建设和教学的成果和资源，特色专业项目需要以专业为单元展示相关课程、教学团队、教学条件、教学资源等。

2.数字化学习环境的技术架构

数字化学习环境是一个软件系统，因此，在确定了系统的目标和组成部分之后，就需要确定数字化学习环境的技术架构。

（1）数字化学习环境技术架构的目的。构建数字化学习环境技术架构，主要是为了对以下几方面的问题进行解决。

第一，将数字化学习环境教学框架描述的教学功能实现为软件系统。

第二，将众多教学系统有机地构成一个整体。

第三，满足不同机构和同一机构不同时期的可持续发展要求。

（2）数字化学习环境技术架构的内容。要有效解决上述几个问题，构建的数字化学习环境技术架构应该包括基础设施层、教学数据与教学资源层、教学应用系统层和教学门户层四层。

基础设施层即网络与计算机硬件及管理系统，一般由高校数字校园统一建设，构建技术相对成熟。

教学数据与教学资源层中的基础数据库应根据相应的数据标准与技术规范，构建学校的共享基础数据中心，为其上的各个系统提供标准化的基础数据。这一部分也是由高校数字校园统一建设的。共享教学资源库通过资源库管理平台对共享资源库中的资源进行管理，同时为上层各应用系统提供一组统一的教学资源中心接口，方便各系统及用户直接进行教学资源的访问。

教学应用系统层包含了以上讨论的五类系统，即学科课程学习系统、非学科课程学习系统、教务管理系统、教学评价与对外展示系统和数字化教学资源管理系统。

数字化教学环境的最上层通过一个统一的教学门户将各个应用系统集成起来，其使用者包括学生、教师、管理人员、评审专家和校外访客，这些不同角色的用户通过门户网站进入系统，通过统一身份认证获取不同的应用和服务。

（二）数字化学习环境子系统的设计

数字化学习环境中包含不同类型的子系统，如面向学科课程的学习系统、面向非学科课程的学习系统、面向管理和评价的教学系统等。它们相互关联组成一个有机的整体，但每个子系统又具有不同的结构和功能特征，需要对不同类型的子系统进行分析设计。而在对每一类子系统进行设计时，其都应涉及理论基础、系统模型、系统结构、功能模块、关键问题等基本内容。

第三节　数字化学习环境的应用

数字化学习环境的应用，就是"教育机构将其引入组织内，实施教学活动的过程"[①]。对于教育机构特别是院校来说，应积极创造有利条件，通过组织力量推动数字化学习环境的顺利应用，以达到预期的应用效果。

一、数字化学习环境应用的影响因素

将一套技术系统应用到院校时，会受到众多因素的影响。对于数字化学习环境而言，其在运用过程中会受到以下几个因素的影响。

（一）院校的技术条件

院校的技术条件包括数字校园的技术设施和构建数字校园的应用服务。其

[①]韩锡斌、刘英群、周潜：《数字化学习环境的应用与评价》，中央广播电视大学出版社，2015，第4页．

中，技术设施包括校园网络、数据中心、网络信息服务、网络管理与网络安全、多媒体教室建设、仿真实训系统环境、校园网络电视与数字广播和数字安防系统，应用服务主要是指数字化学习环境的软件。

（二）课程与教学模式

李秉德提出"教学活动七要素"理论，即课程教学活动包括七个要素：目的、内容、方法、环境、教师、学生和反馈（评价）。这七个要素既体现了课程与教学的系统结构，也体现了课程与教学实施的动态环节。笔者研究团队应用该理论分析在线课程，结果表明，这七个要素之间依然呈现类似的作用关系。在数字化知识经济时代，尤其是近来"互联网+"的影响，上述七个要素都从传统面授教学模式向面授与在线教学混合模式拓展。

（三）人员能力

数字化学习环境的应用需要各类人员都具备相应的信息化能力，其中包括校级领导、教师、管理人员和技术人员等。

校级领导具有良好的教育信息化领导力，会对数字化学习环境的应用产生重要的影响。教育信息化领导力良好的校级领导，能够对学校的信息化工作进行有效地指导，并采取有效的措施促进学校的信息化建设，继而为数字化学习环境的运用创设良好的外部环境。通常而言，校级领导需要具备的信息化领导力主要包括三个方面的内容：一是能够对信息化的价值以及对学校发展的促进作用进行有效认知；二是能够对学校的信息化工作进行统筹规划、有效调控；三是能够对学校的信息化实施效果进行评价，这对于推进学校信息化工作的进一步开展是十分重要的。

教师是数字化学习环境应用的核心人员，其信息化能力维度包括信息化意识与态度、信息化知识与技能、信息化应用与创新、信息化社会责任等维度；也可以根据教师教育教学工作与专业发展主线，将信息技术应用能力区分为技术素养、计划与准备、组织与管理、评估与诊断、学习与发展五个维度。其核心能力具体来说包括以下几方面：一是基本的信息技术素养，包括对信息技术的认知和基本的多媒体技术的操作；二是数字化资源与课程建设开发的能力，包括能根据课程的需要开发相关的数字化学习资源和课程，为信息化教学的开展提供有力支撑；三是信息化教学设计的能力，包括掌握将信息技术与课堂教学深度融合的方式、方法和策略；四是信息化研究、实践与社会服务能力，包括积极运用信息化手段开展教育教学的相关研究，在提升信息化教学能力的同时，推动自身的专业发展。

教学管理人员信息化教学领导力和管理能力的维度包括以下几点。一是对信息化的价值进行认知的能力，即明确职业教育信息化的基本内容，认识到在学校的发展过程中信息化所具有的重要作用；二是对学校的信息化工作进行管理与调控的能力，即能够以学校的发展目标和发展规划为依据，对信息化实施过程中所涉及的部门进行综合协调，以便有条不紊地、系统地推进师生及员工信息化能力的均衡发展；三是信息化项目实施与推动能力，即能够通过信息化推动信息化教学改革项目的发展，培训信息时代优秀的教师和具有较高信息素养的学生；四是信息化绩效的评估能力，即能够在信息化教学推进的过程中，评估信息化教学的实施成效，诊断问题，推动信息化教学不断向更高水平发展。

技术人员主要是由以下四类人员构成：一是学校信息化建设人员；二是学校信息化研究人员；三是学校信息化运行与维护人员；四是学校信息化培训人员。由于这四类技术人员在学校信息化的发展中所负责的主要任务是不同的，因此对于他们的信息化能力要求也有一定的差异。具体来说，学校信息化建设人员，要能够将学校的数字校园计划转化成可以实施的技术方案；能够对学校的信息化需求进行准确分析；能够对学校信息化建设所需的软件进行有效开发；能够对学校信息化建设中技术系统的应用效果进行科学评价等。学校信息化研究人员，要能够对学校的数字化校园建设进行合理地规划与设计；能够为学校的数字化校园建设制定科学有效的规范与规章；能够对学校的数字化校园建设成果进行有效评价；能够将学校的数字化校园建设的成果转变为实施建议或措施等。学校信息化的运行与维护人员，要能够对学校的数字化校园建设中遇到的技术系统问题进行有效解答；能够对技术系统的运行故障进行有效解决等。学校信息化的培训人员，要能够对学校数字化校园建设过程中所涉及的人员进行有效的信息化意识和规范培训；能够对相关人员进行信息化基本技能的培训；能够针对应用软件的使用问题对相关人员进行培训等。

二、数字化学习环境应用的过程

一般而言，数字化学习环境应用的过程可以分为四个阶段，具体如下。

（一）休眠阶段

在这一阶段，数字化学习环境应用的状态是：软件引入仅仅是由于外部原因，如精品课程申报、本科教学评估、本科质量工程、职业院校示范校建设等的外部要求，没有清晰的信息化教学改革目标、规划方案、实施计划；没有明确的信息化教学模式；没有有组织的在线课程设计与实施行为；没有教师教学发展体系；没有组织激励政策和机制；数字化教学环境软件在学校部署完成后，一直没有太多师生访问。

（二）初步应用阶段

在这一阶段，数字化学习环境应用的状态是：软件只是在外部原因（如精品课程申报、本科教学评估、本科质量工程、职业院校示范校建设等）的施压下，为了完成特定的任务使用，没有清晰的信息化教学改革目标、规划方案、实施计划；没有明确的信息化教学模式；没有教师教学发展体系；没有组织激励政策和机制；仅有与上述任务相关的师生访问数字化教学环境软件。

（三）发展跃升阶段

在这一阶段，数字化学习环境应用的状态是：院校领导对技术促进教学模式变革、教学改革有了清晰的认识，制定了清晰的信息化教学改革目标和规划方案，制定了实施计划；明确了的信息化教学模式；正在建立教师教学发展体系；正在建立组织激励政策和机制；仅有教学改革试点的师生访问数字化教学环境软件。

（四）常态应用阶段

在这一阶段，数字化学习环境应用的状态是：信息化教学改革目标、规划方案、实施计划更加完善，制定了动态评估信息化教学效果的方法和程序；提出了有自身特色的信息化教学模式；建立了教师教学发展体系；建立了组织激励政策和机制；大量的师生常态化访问数字化教学环境软件。

第四章
数字化学习资源建设研究

在人类的发展过程中，学习资源无处不在。随着数字媒体技术的发展与成熟，信息承载、传播与呈现的水平也得到了飞速提升，学习资源从形式到内涵得到了全面的改造，数字化学习资源由此诞生。本章将对数字化学习资源进行全面探讨，以求对数字化学习资源有一个清晰、准确的认识。

第一节　数字化学习资源的内涵

一、数字化学习资源的概念

数字化学习资源是随着信息技术的发展而产生的新概念，是在信息技术发展的前提下学习资源的变身与进化。换句话来说，数字化学习资源是指经过数字化处理，依据学生属性规划好的，能通过电脑、手机及任何能连接网络的工具供学生学习，且可以实现多用途共享的数字化材料。

二、数字化学习资源的特点

1.信息形式数字化

数字化学习资源是数字化的信息数据，它不是以纸质化或其他介质为载体的传统信息资源，而是可以把大数量、多类型、多媒体、非规范的信息以数字化的形式进行融合，经过处理，各种媒体文件就变成了结构、大小、输入输出条件不同的数字化文件，它们就能在电脑、网络上进行传阅分享。

2.信息分布的广泛性

数字化学习资源以不同的形式分布在世界各地，如FTP服务器、电子图书馆和电子期刊等都是数字化学习资源分布的常用形式。

3.信息获取的便捷性

通过计算机和各种移动智能设备可随时随地获取互联网上的信息，摆脱了时间和空间的束缚。

4.信息呈现的多媒体化

数字化学习资源内容通常以多媒体的形式来表现，这就使信息的表现更加生动形象，如网络上的报纸杂志、教学软件等，它们都有各自独特的表达方式，而不是趋于雷同。

5.信息更新的时效性

数字化学习资源拥有更加快捷迅速的特征，最新的消息通过互联网就可以即刻传达，这样的更新速度是报纸、杂志等传统纸媒难以企及的。

6.信息资源的开放性

数字化学习资源的开放性表现在两个方面：一方面，学生可以反复地利用学习资源，不受时间和空间的限制；另一方面，学生可以发表自己的观点和看法，并与其他学生分享、交流。

三、数字化学习资源的价值属性

1.数字化学习资源的使用价值

同其他知识成果一样，数字化学习资源的使用价值是指人类劳动创造的，能够节省人类劳动时间或增强生产生活能力以及精神满足感的有用性或效用，它具有多效性和衍生性、共享性和扩展性以及重复性等特点。数字化学习资源的多效性和衍生性是指同一个资源可以有多种使用价值，可以根据不同的情况进行选择使用。资源在使用过程中，经过某些适应性改变之后，便可以不断地衍生出新的资源。共享性和扩展性是指一个资源可以同时供多人使用（共享），却不会影响资源的完整性和质量。因此，资源的使用价值可以从个人扩展到组织，再从组织扩展到整个社会。重复性一方面是指数字化学习资源可以很容易地复制传播，能重复使用；另一方面是指资源的使用价值并不会随着复制转移而消失。

2.数字化学习资源的交换价值

数字化学习资源交换以后，买方得到的是资源的使用价值，卖方得到的是资源的价值。当然，由于资源的共享性，卖方自己也可以使用这一资源，资源的使用价值并非像实物商品一样一去不复返。

3.数字化学习资源的多重价值

在数字化学习资源共享的时候，这个过程中的劳动消耗和劳动转移可以创造不同的价值。资源是可以复制并可以共享的，能够用花费较小的传播去谋取更大的经济效益，实现边际收益递增；利用资源的教育性和转化性促进智力资本的形成，具有发展性和效益性。

第二节　数字化学习资源的整合与管理

随着互联网的普及，越来越多人的基本学习方式由纸质阅读转向数字阅读，这要求网络学习由单纯的浅层学习向深层学习跃迁，而这种跃迁还要以网络学习资源的创新、优化建设作为保障。[①]因此，做好数字化学习资源的整合与管理至关重要。

一、数字化学习资源整合

（一）数字化学习资源整合的主要方法

1.基于OPAC系统的整合

OPAC（Online Public Access Catalogue）即联机公共检索目录，是一种通过因特网对馆藏资源进行检索的工具，也是读者查找图书馆资源的主要途径。它不仅整合了传统书目信息，而且将传统书目信息与电子全文期刊、电子全文图书及视听资料建立链接，将书刊与其评论信息、来源信息建立链接，从而形成以纸质资源为核心，向全文、目次、文摘、书评、音频、视频等多媒体信息

---

①陈琳、李凡、殷旭彪：《促进深层学习的网络学习资源建设研究》，载《电化教育研究》，2011年第12期，第69-75页.

资源扩展的更全面的资源体系。

2.基于资源导航的整合

基于资源导航的整合是一种比较成熟的整合方式，它实现了将不同来源的数字资源按照学科、主题、资源类型等类别进行组合，来为用户提供导航。根据整合的资源类型多少，可以分为整体导航和部分导航。整体导航是通过整体的资源，将所有的资源当作对象，为用户导航；部分导航是只对资源中的一种或者一部分导航。导航整合通常只能提供数字资源的浅层次服务，不能提供其表达主旨上的服务，因此导航形式的资源整合是数字资源整合的过渡期。

3.基于跨库检索系统的整合

基于跨库检索系统的整合是导航整合的进阶，它是检索界面的整合，在用户查询后表现为共享众多资源的整合，即实现对分布式资源的一站式访问。基于跨库检索系统的整合模式实现的是在多个数据库内的统一检索，为不同资源访问提供统一的检索入口，但这种整合系统会受到不同数据库系统搜索引擎的限制，不易实现。在跨库整合检索中，分布式检索系统是比较理想的模式，但实现起来需要较大范围的协作、需要遵循必要的元数据标准及互操作协议，也有一定的困难。

4.基于链接的整合

基于链接的整合是将图书馆所有的资源通过参考引文知识连在一起，形成一个具有内在联系的有机系统，该系统主要提供基于内容层面的知识服务。换句话说，就是利用网络超文本链接的特性，将所有资源串在一起，使其形成一个有联系的网络，这样用户能更快捷地找到自己所需要的数字资源。

5.基于知识管理的整合

知识管理包括启发、包装、管理及知识在各种形式下的重用，是一种基于知识本体和语义的信息集成。基于本体的知识网格为用户提供基于语义的服务，它大大提高了信息加工和服务的知识含量，为知识创新提供了坚实的基础。知识管理的服务系统为输入、输出参数和类型定义了良好的接口，这种接口涉及服务和客户。

（二）数字化学习资源整合的技术

1.分类技术

（1）智能自动分类。智能自动分类技术有三个突出特点：一是立体性，指对文本内容可以从不同方位进行考察，从而找出侧重点不同的信息。二是动态性，指分类法可以灵活地随信息内容的分布而进行改变，使分类法的树型结构达到平衡，能更加高效地体现快捷性能。三是面向用户性，指分类系统的实时调节能力，即"自动分类系统本身的识别用途，能够根据用户的需要，在用户指导下对分类体系做出各种人性化的调整，以满足用户的需求"①。

（2）分众分类。分众分类即自由分类法，是Web2.0的重要特征。它依据人们生活中的常用词汇对信息进行标记，其结果表现为系列的标签总图，给人一目了然的感觉，在组织和共享信息方面的便捷性都得到了很大地提升。在数据库浏览、热点聚类、个人信息组织方面可以提供更加切实有效的方法，但就信息组织而言，因为自由分类法取消了严格的词汇控制和等级结构，所以存在分类模糊、检索不够全面等缺点。

2.知识管理技术

（1）本体和语义。本体本来是一个哲学概念，是研究实体存在及其本质的通用理论，后被引入人工智能领域。它定义基本词汇以及它们之间的关系，组成主题领域的词汇表并将它们结合在一起成为包括对象、属性和关联的规则体系。②其中，"对象代表概念或知识领域中的实体；属性揭示反映对象的特性或值，或者是对对象的某种限定；关联则代表实体对象之间存在的关系或联系，包括概念定义、等同或同义关系、层次关系、相关关系等。这些关联将本体有机地连接成为一个具有语义的整体。"③本体论在Web上的应用直接导致了语义Web的诞生。

语义是指"数据（符号）"所指代的概念的含义，以及这些含义之间的关系。语义网是按照机器可理解的词汇将网页信息链接起来的全球数据库，它能使网络理解资源并且提供人性化的对话服务。语义Web的目标是使Web上的信息具有计算机可以理解的语义。④

（2）叙词与叙词表。叙词（描述词或叙述词）是主题词的一种，是一些以概念为基础的、经过规范化的、具有组配性能、能显示词间语义关系和动态性的词或词组，是描述文献主题的一种标识符。

---

①杨在宝：《教育信息化与教师专业发展》，中国商务出版社，2018，第66页.

②王民：《数字教育资源生态化建设和共享模式研究》，上海交通大学出版社，2014，第86页.

③马启龙：《信息化教育学原理》，甘肃人民出版社，2017，第99页.

④邱红艳、孙宝刚：《现代教育技术》，重庆大学出版社，2020，第57页.

叙词表是使用最为普遍、发展最为充分、最具有典型性的主题标引工具。作为一个规范化的词汇集合，它以概念为基础，在对词汇进行严格控制的基础上，形成表达概念间具有等同、等级、相互关系的词汇集。

（3）分词技术。网络信息极其丰富，但也存在着大量芜杂信息，信息过滤不可避免，实现信息过滤需要进行文本处理，文本处理就要利用分词技术。英语、法语等欧美语言在书写时以词为基本单位，而汉语在书写时以一大串汉字的字符串为基本构成单位，这就导致从形式上无法表达其中概念。因此，中文信息处理的特有问题就是如何将汉语的字符串分割为合理的词语序列，切分成一个一个的单独具有实际意义的词，即中文分词。

3.互操作技术

网络教育资源及其所处环境之间存在许多异种异构的特性，例如，软硬件系统的冲突、媒体格式的异同等。对此，要找到一种更加完美有效的方法来解决上述的问题，而互操作技术恰好能够切实有效地解决掉这些问题。[①]

二、数字化学习资源的管理

（一）数字化学习资源管理系统

1.资源库管理与应用系统

（1）数字化学习资源管理解决方案（EN Compass）。EN Compass 是 Endeavor 公司推出的数字化资源管理解决方案，可以对远程和本地的多种类型数据库实现统一检索，包括联机公共目录查询系统（OPAC）。它备资源编目和资源整合的功能，支持多种元数据，特别强调对 XML 和 XSL 的支持，也有用户权限和授权管理模块，用户访问多种资源时无须多次认证。

（2）动态链接工具（OL2）与跨平台检索工具（Zportal）。OL2 采用了一种动态、开放的链接原理。支持 Open URL 协议，该协议原理上允许所有支持该协议的数据库都成为 OL2 的链接源。所以，OL2 既可以以 Zportal 的检索结果为动态链接的开始，也可以在其他数据源之间实现链接，数据库、电子期刊或 OPAC 目录都可以成为它的链接源和链接目标。与 SFX 相比较，OL2 的链接应用并不是很普遍，其重要用户有 EBSCO 和 CAS 等。FDI 作为 CrossRef 的加入成

①马启龙:《信息化教育学原理》,甘肃人民出版社,2017,第101页.

员机构，也为Cross Ref系统提供动态链接技术。

Zportal可以实现对所有资源的统一跨平台检索。在Zportal中可以对已有的资源进行整合，从而帮助用户在使用该系统时，随时了解自己可以选择的应用情况，选定自己的检索范围；Zportal拥有用户检索权限管理模块，由系统管理员来决定用户与资源的权限；也拥有管理和统计模块，可以帮助用户更加全面地了解资源的使用情况。

（3）相关动态链接（SFX）和信息门户（Metalib）[①]。SFX是Ex Libris公司推出的上下文相关动态链接，可以基于图书馆的电子资源情况动态配置。这些资源包括：全文数据库（知识仓库），文摘、索引和引文数据库，联机图书馆目录，论文的引文，e-print和其他Web资源等，当然该公司的ILS系统A-LEPH500也包含在内。上述各类型资源既可以作为链接源，也可以作为链接目标。

Metalib是Ex Libris公司的一个信息门户产品。它的核心功能就是对图书馆的书目库和各种电子资源库提供统一检索的功能，兼顾资源组织和管理，能引导、帮助用户有效地使用资源。可供检索的资源包括全文、引文、文摘索引数据库、本地馆藏等。Metalib通过对知识库的配置，可以实现复杂的资源使用政策，控制哪些资源可以被哪些用户使用，掌控用户验证和版权管理。

2.数据资源系统

（1）清华同方TPI系统。清华同方TPI系统是我国目前覆盖数字信息整个生命周期、功能比较成熟的数字资源管理系统，应用得也最广泛。目前的最新成果是"清华同方数字图书馆平台TPI4.0"。作为清华同方TPI数字图书馆平台的升级版本，TPI4.0由数字资源采集系统、数字资源加工系统、数据库发布与检索系统、数字资源管理系统、数字参考咨询系统、网上用户教育与培训系统和个人数字图书馆系统七大功能模块组成，具有更强大的信息开发和管理功能。[②]

（2）万方数据资源系统。万方数据资源系统是建立在互联网上的大型科技、商务信息平台。用户既可以单库、跨库检索，也可以在所有数据库中检索，同时还可以按行业需求检索。

3.学习平台

（1）数位教学平台（Blackboard）。Blackboard在线教学管理平台是目前市

---

①孙博阳：《国外数字化资源管理软件研究概况》，载《情报科学》，2002年第4期，第635-640页.

②毕强、陈晓美、邱均平：《数字资源建设与管理》，科学出版社，2010，第57页.

场上唯一支持百万级用户的教学平台，它的主要模式是以网络教学为中心建立教学环境。教师借助平台，可以在网络进行授课；学生可以自主学习，按照自己的学习能力和学习需求选择学习内容以及学习课程。即便在不同的学校、不同的地区，学生与学生之间、老师与学生之间都可以根据教学的进程与教学的效果进行探讨。总之，Blackboard为教师和学生提供了学习、交流的平台，是师生之间有效沟通的桥梁。

（2）Coursemill。Coursemill是一个基于网络的学习管理系统，通过网络浏览器传授课程，它可用于创建电子教学内容，追踪学生课程进度，提供课程目录、课程细节及课程报告的访问权限。Coursemill能够让教师、学生和管理员简单而高效地实施管理、跟踪和参与在线课程，给学生提供了自动注册、课程下载、购物车支持、等待列表等功能。对于企业用户，Coursemill提供MySQL数据库支持、电子商务支持、第三方课程内容支持、AICC和SCORM相容性、以教室为基础的混合学习培训支持及其他服务等。

（二）数字化学习资源管理技术

1.数字化学习资源存储技术

（1）存储技术与存储设备。

①直连式存储（DAS）。DAS是指将存储设备通过IDE、SCSI接口或光纤通道FC等I/O总线直接连接到服务器上的方式，是一种以服务器为中心的存储结构。[1]

②网络附属存储（NAS）。NAS是可以直接连到网络上向用户提供文件级服务的存储设备。

③存储区域网络（SAN）。SAN真正地将存储子系统从服务器上分离出来独立地连接在高速专用网上，是一种以网络为中心的存储结构，目前两种典型结构是基于光纤通道的FC-SAN和基于TCP网络的TC-SAN。

④iSCSI技术。这种技术结合现有SCSI接口与以太网络技术，实现了服务器与使用IP网络的储存装置的资料互换。这项技术有两个主要的优点：第一，它的价格相对较低，这是相对目前使用的业界技术标准Fibre Channel而言的；第二，系统的管理者可以在相同条件下管理所有网络。

⑤内容寻址存储（CAS）。内容寻址存储的提出是基于这样的一种统计：

---

①刘贝、陈芃：《网络存储技术综述》，载《科技信息》，2011年第5期，第512-513页.

存储的数字化信息中，除了不断改变的之外，还有一部分是以固定形式存在的信息，如媒体已经播放的广播、影视，医学诊断中使用的MRI、X光、检查图像等已经完成的文档。应用CAS技术存储的数据都含有一个全球唯一的标识符。

⑥云存储（Cloud Storage）。它是指通过网络技术等，用一种软件将网络中不同类型的存储设备进行整合，从而对各种数据进行存储和业务访问的在线存储模式。

（2）网络存储安全。网络存储安全的基本要求有数据备份和容灾恢复能力、抗病毒能力、数据加密能力、数据恢复能力等。

2.数字化学习传输技术

（1）互联网传输技术，即资源库导入导出与同步复制。由于设计理念、开发技术以及建设机构的不同，资源库有同构和异构之分。同构资源库多为分布式资源库，各分布式站点间大数据量的资源传输，通过导入导出、同步复制来实现；异构资源库间的大数据量的资源传输，通过开发异构资源导入与转换工具实现资源的快速征集与整合。

①基于VPN的文件传输。VPN是指利用开放的公众网络建立虚拟专用通道，实现资源的安全可靠性传输与管理。

②网络电视（IPTV）。IPTV是一种基于因特网的技术，是一种个性化、交互式服务的崭新的媒体形态。它以网络为基础，通过互联网协议传送数字信息资源，以电视和电脑作为主要终端，能够提供包括广播、影视等在内的不同种类的交互式服务。

③视频点播服务网络（CDN+VOD）。将内容分发网络（CDN）与交互式电视点播系统（VOD）技术相结合，在互联网的基础上通过内容分发服务，根据预先定义的分发策略和全局调度机制，将资源从中心服务节点发到边缘服务节点，使用户可以随时、随地更加便捷地获取资源，实现分布式视频点播服务。[①]

（2）卫星传输。卫星流媒体直播。卫星主站每日实时播发流媒体数据，基层网点可使用计算机或机顶盒，接收卫星直播的流媒体数据，并通过投影、电视机、计算机进行播放，直播数据不能进行存储。卫星直播的节目码率为1.5 Mb/s，其清晰度高于网站视频（300 Kb/s）。适用于网络不发达地区在集中

---

①罗云川：《对全国文化信息资源共享工程多种资源传输手段的初步分析与思考》，载《图书馆建设》，2008年第2期，第75—77页．

区域提供公众服务。

（3）卫星投包。卫星主站将各种类型的资源，以 IP 数据包的形式投递，基层网点可使用相应的设备，接收、解析、还原投递的数据文件，并存储到本地数据库中。适用于网络不发达地区通过主站接收其他地区提供的资源。

3.个性化服务技术

（1）Push 技术。Push 技术是一种基于客户服务器的机制，由服务器主动地将信息发往客户端的技术，它能够通过一定的技术标准或协议，主动地按时发送一些客户感兴趣的信息到用户的接收软件中。用户接到信息后，还可以离线浏览。用户首次设置好自己所需的信息频道后，在以后的使用过程中就不用再去进行别的操作，便可快捷获得自己所需的信息，更新后的信息被随时推送给用户。

（2）简易信息聚合（RSS）。RSS 是一种聚合方式，是 Web2.0 的主要应用之一，只要是能够被分解的内容都可通过 RSS 进行聚合，如新闻站点、社区站点和个人互联网博客等。它是一种互联网站点间共享内容的简易方式，是一种基于 XML 描述的 Web 内容和元数据的聚合格式。

第三节　数字化学习资源的开发与应用

一、数字化学习资源的开发

（一）数字化学习资源开发的技术

1.交互式主页的实现技术

计算机、因特网、多媒体和信息高速公路等技术的出现引发了远程教育的革命。基于网络的远程教育就是利用互联网和计算机技术进行教学活动，教学资源被放置在网络中，学生通过寻找资源，进而学到自己想学的知识。

要实现一个可以与用户交互信息的服务系统，需要增加交互式主页和用户输入信息处理程序两种功能，交互式主页内含有用户输入信息编辑框、选择菜单按钮等，以供用户输入信息，用户输入信息处理程序则能对这些信息进行有效处理，这能给用户带来更好的体验。实现交互式主页主要通过脚本语言、

Java语言、通用网关接口（CGI）、Java数据库连接（JDB）、动态服务器页面（ASP）五种方法。

2.虚拟现实技术

在网络技术发达的今天，在线学习的学生要想通过图像看到远方的机器设备，并通过动画等形式让人们可以更加全面、方便地了解其内部结构和工作原理，还能够随心所欲地操控机器，这就需要为这些机器设备建立三维模型，构造一个虚拟设备的环境，增加人机交互的功能。这就要用到"虚拟现实"技术。"虚拟现实"的定义虽然在不断发展，全球至今还没有一种统一的标准说法，但基本上是指一个以用户为中心的、主观的、互动的、由计算机制造的多感官环境。因此这种科技包含了两部分：一部分是"虚拟环境"，是指由计算机图像、声音、三维模型等结合而成的环境和空间；另外一部分是技术，是关于如何把用户放置于虚拟环境之中，如何通过计算机和传感器得到多种感觉，使用户可以在虚拟环境中活动和工作的技术。"虚拟现实"在概念上最大的突破是把用户由旁观者变成参与者。在计算机上构造一个虚拟环境，主要有调用Open GL函数库、利用虚拟现实建模语言（VRML）构建虚拟场景、电脑组合2D图像实现全景虚拟、利用传感器实现沉浸型的虚拟现实世界等方式。

3.流媒体技术

流媒体技术是使音频、视频和其他多媒体以智能流的形式进行数字信息传送的技术。流媒体文件格式支持流式传输及播放，流式传输技术是将各式各样的多媒体文件经过各种形式压缩处理后分成一个个压缩包，由视频服务器向用户计算机不断地发送有效信息，使人们在低带宽和高带宽环境下都可以在线欣赏到连续不断的具有较高品质的视音频节目的技术。在采用流式传输方式的系统中，用户不必等待全部下载完整后观看，只需经过几秒或几十秒的启动延时即可在用户的计算机上利用对应的软件对压缩的动画、音频、视频等多媒体文件解压后进行欣赏，多媒体文件的剩余部分将在后台持续下载。

4.远程控制技术

远程控制技术在辅助培训教学中起着明显且重要的作用，通过远程控制技术可以实现诸如远程办公、远程技术支持、远程交流、远程维护和管理等功能，对远程教育尤其是远程培训意义重大。远程控制机制是客户机通过网络连接并控制远程服务器。远程控制的实现基于客户机和服务器之间的网络应用协议，目前应用的网络应用协议主要有：HTTP（Hyper Text Transfer Protocol）超文本传输协议、HTTPS（Hyper Text Transfer Protocol Secure）安全超文本传输协议、FTP（File Transfer Protocol）文件传输协议、SMTP（Simple Mail Transfer Protocol）简单邮件传输协议、POP3（Post Office Protocal version3）邮局协议版本3、IMAP（Internet Message Access Protocol）互联网信息访问协议、DNS（Domain Name System）域名系统、SSH（Secure Shell）安全外壳协议、Telnet（Telnet network）电传网络、TCP（Transmission Control Protocal）传输控制协议、UDP（User Datagram Protocol）网络数据报协议、NTP（Network Time Protocol）网络时间协议。

（二）数字化学习资源开发工具

1. 三分屏录制工具

将教师授课视频和PPT、图片等素材整合为三分屏课件（又称流媒体视频课件或IP课件），如微软公司的Producer、速课等产品。

2. PPT转换工具

以PPT素材为基础，加上声音、视频、习题等内容，转换为交互性强、符合SCORM标准的课件制作工具，如Articulate、iSpring、Adobe Captivate、Stream Author（串流大师）。

3. 网络课件创作工具

这种类型工具可以用于各式各样的软件开发要求，常见的有Lectora、Tool Books、Raptivity等。

二、数字化学习资源的应用

（一）数字化学习资源在课堂教学中的应用

1. 展示教学内容

需要指出的是，课堂教学中并非要全部使用数字化学习资源，非数字化学习资源在课堂教学中同样具有独特的魅力和作用，学习资源形式的选择关键要看是否适合教学内容的传递与表达。

数字化学习资源在课堂教学中可以作为教师讲授知识点、演示实验项目等内容的展示工具，通过教学课件、视频、音频等形式呈现。这种应用方式适合"传递-接受"的教学模式，能很好地发挥教师的主导作用，这种应用模式在目前我国的教育中仍然是主流。

2.创设学习情境

数字化学习资源生动形象、现实模拟等技术优势让其在创设学习情境中有着得天独厚的优势。在低年级的课堂中，相比于传统资源，数字化学习资源"有声有色""图文并茂"，更容易吸引学生的注意力，调动其学习的积极性和兴趣。利用数字化学习资源创设学习情境，营造立体化、接近真实的学习环境，在相对直观的情境中，引导学生快速进入学习思考状态，产生求知的愿望。在高年级的课堂教学中，借助数字化学习资源创设学习情境，可以启发学生深层次的思考和认知，这里关注的重点不是"图文并茂"，而是资源内容的深度和广度。数字化学习资源的选择要全面且有重点，要把握课程教学需要的同时兼顾及时更新，把信息资源后面深层次的学习探究需要表达出来。

3.为自主学习提供支持

自主学习是与传统的接受学习相对应的一种现代化学习方式，自主学习是指以学生为本，通过学生独立的方式以多种多样的方法来实现学习目标的学习方式。在自主学习中，学生可以根据个人的兴趣和爱好选择学习主题，这些学习主题未必就是书本所提供或者能够完全提供的，学生的学习内容需要扩展，数字化学习资源就成为其很好的补充。借助互联网进行的学习资源传递、共享；借助搜索引擎完成的资源搜索；借助相应的教学平台、课程中心提供的主题资料等能够很好地满足学生个性化学习的需要，培养学生独立分析、探究、创造的能力。值得注意的是，自主学习不意味着放任自流、无拘无束，利用数字化学习资源进行自主学习（尤其对于低年级的学生）必须强调教师的引导作用，在不良信息的过滤、信息迷航的纠正、相应技术的指导、正确价值观的引导等方面，教师的作用不可忽略。

4.为协作学习提供支持

协作学习是通过将学生分成小组或团队的形式组织学生学习的一种方式，小组成员以2~4人为宜，每个小组都应有一个明确的学习目标，大家围绕同一个学习目标，相互配合解决问题，完成学习活动。协作学习有利于促进学生高阶认知能力的发展，在学习过程中学生的判断、分析、思辨、决策等能力得到了充分的培养；有利于学生健康情感的形成，通过彼此配合完成学习目标，提升学生的群体意识和协作能力。在协作学习中，数字化学习资源一方面扩充了学习内容，为学习活动的进行提供了大量可供选择的内容，组内成员根据分工可以选择性地关注某一方面的知识点；另一方面，数字化学习资源的数量和深度可以无限扩充、延伸，为学习的深入进行提供了可能。此外，相比于传统资源，数字化学习资源的传递轻松、快捷，组内成员信息交流的渠道更通畅，资源的整理、总结与汇报可借助计算机网络完成，信息实时到位，沟通通畅自由，让协作变得更轻松。

5.为探究性学习提供支持

探究性学习是指先有目标再去通过对目标的理解进行深一步的探究，使学生更好地达到自主学习与目标完整融合的学习方式。探究性学习通常包含五个环节（图4-1）。

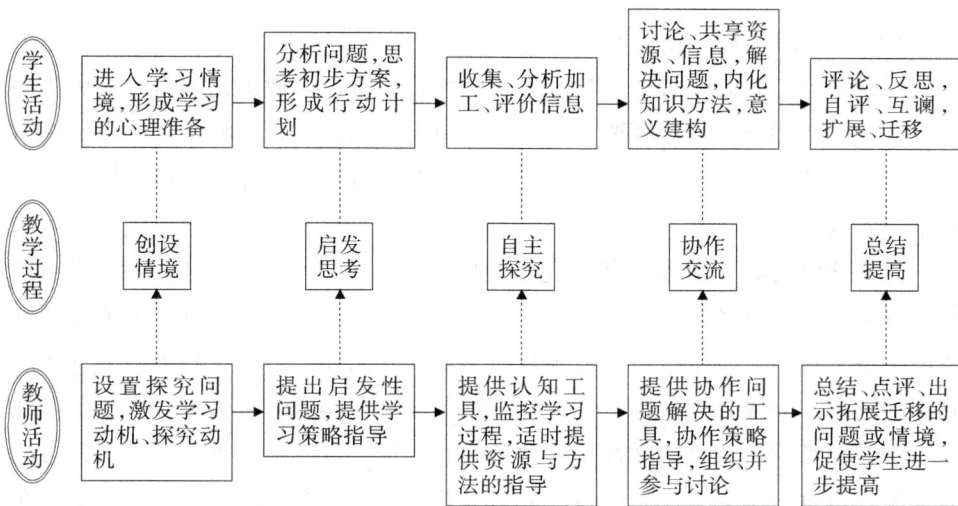

图4-1　探究性学习环节图

从图4-1所示的五个环节中，我们可以看出探究性学习几乎就是上述各种学习方式的融合，其中数字化学习资源扮演的角色更是十分关键，倘若没有了数字化的资源呈现方式，探究性学习的效果肯定要大打折扣。

在"创设情境"环节中，可以借由视频、图片、虚拟现实等数字化学习资源导入教学主题，启发学生的学习兴趣和动机，充分调动学生探究学习的驱动力和欲望。在"启发思考"环节，教师根据创设好的情境，提出启发性问题，引导学生思考，形成初步的学习计划方案，数字化学习资源的作用可以在这一环节弱化显示。进入"自主探究"和"协作交流"阶段时，数字化学习资源的作用得到真正的发挥，其优势充分彰显。在"自主探究"阶段，学生利用教师提供的认知工具和学习资源收集与当前所学知识点有关的各种信息，学生主动对所学的知识进行评价整合，并在这一切的基础上形成对当前所学知识的认识与理解（由学生完成对当前所学知识意义的自主建构）①。在"协作交流"阶段，教师组织学生以讨论的形式开展小组内或班级内的协作与交流，通过将学习资源与学习成果生成数字化资源的方式完成共享，并借助数字化手段将交流过程的结果保留。在"总结提高"环节，通过师生评价、学生自评等多种方式的结合，完成对探究问题的总结、归纳，得出结论，并将结论用于指导实践和进一步提高，可以要求学生将结论用于新问题、新内容的解决与学习中。

（二）数字化学习资源在新型学习方式中的运用

1.混合学习中数字化学习资源的应用

混合学习就是既包含传统学习方式的优势，也包含数字化学习方式优势的学习方式，在混合学习中既要发挥教师的引导作用，也要兼顾学生的自发性与主体性。目前国际教育技术界的共识是，结合二者的优势并很好地利用，从而使学习效果趋于完美。②

数字化学习是一种基于数字化学习资源进行的学习方式，自20世纪90年代末以来，在教育领域得到了迅速的应用与发展。数字化学习克服了传统课堂教学时空的局限，给予了学生更多自主学习的时间和空间，有利于提高学生对知识的理解，完成知识建构；为学生提供了丰富多样的学习资源，改变了传统课堂中教师控制信息来源和数量的被动局面，学生可以根据个人兴趣选择自己喜爱的内容进行深入了解和学习；为学生营造了一个全新的网络学习环境，在这个环境中学生可以自主交流，不受任何外力干扰。

混合学习强调把传统学习方式的优势和数字化学习的优势结合起来，充分发挥教师的主导作用和学生的主体地位。课堂教学的人性化弥补了数字化的冷漠，而数字化学习为研究性学习的进行提供了相对更为广阔、自由的学习环境，能够充分发挥学生的主动性，两者相得益彰。

混合学习中的数字资源以Web2.0提倡的"以人为本"精神为指导方针。就资源的内容看，数字资源在保证资源以知识点为中心的完整性、正确性的前

---

①何克抗、吴娟：《信息技术与课程整合的教学模式研究之三——"探究性"教学模式》，载《现代教育技术》，2008年第9期，第5—10页.

②何克抗：《从Blending Learning看教育技术理论的新发展（上）》，载《电化教育研究》，2004年第3期，第1—6页.

提下，资源的外延不断扩大，相关优秀的辅导材料、补充材料不断被纳进教育体系中，更好地扩充了学生的课外学习空间，满足其深层次学习的需要；就资源的形式看，数字资源"图文声像并茂"的特点更加突出，资源的清晰度、逼真度得到提高，虚拟现实、普适计算为学生的学习营造了近乎真实的情境，有效地和课堂教学整合；就资源的组织看，数字资源的呈现更加人性化、便捷化，以人为本的教育理念深入融合到资源组织中，相应的技术手段以开源的形式提供，学生可以根据个人的学习需要对资源进行有效的重新组织和管理。

2.移动学习中数字化学习资源的应用

随着数字化学习的深入开展、移动计算技术和移动通信技术的融合，基于移动技术的各种移动显示终端逐渐被引入数字化学习中，学习机、手机、平板电脑等多媒体终端逐渐被引入教育系统中，并充当了移动学习的重要工具。移动学习指在无线通信技术的支持下，通过利用具有便携性的移动通信设备进行的学习。"移动"一方面指学生处于移动之中，学习环境也是不断变化的；另一方面，学习设备和学习资源也处于"移动"的状态。针对这种情况，有必要选择快捷简单、省事省时的学习设备。[①]

移动学习的进行完全依赖于数字化学习资源，数字化学习资源的建设成为移动学习的核心内容之一。

就资源的内容而言，移动学习的数字化学习资源包括基于互联网的所有资源，这些资源通过手机、笔记本等移动设备联入互联网即可访问。另外还有大量特有的、专用移动学习资源，基于不同类型的移动学习设备研发，有利于发挥其移动学习的功效。移动学习资源的研发，根据移动载体的不同、品牌的不同，一般由专业的开发团队完成，其设计能更好地融合先进的教育理念，采用先进的开发技术，资源的容量、时间长短、画面效果、学习策略等都是研发的重点，常用的开发平台有 iOS 平台、Android 平台、Windows Mobile 平台等。随着技术的进步，不断有新的移动开发平台和工具出现，在选择优秀、恰当的开发工具的同时，也要注重教学设计的创新，将技术和教学充分融为一体。移动设备所承载的数字化学习资源绝不是书本的搬家，绝不是书本的简单电子化。选择吸引学生的学习策略，明确学习目的，选择生动的资源呈现形式，提供相

---

① 李卢一、郑燕林：《泛在学习环境的概念模型》，载《中国电化教育》，2006 年第 12 期，第 9–12 页.

应的学习方法，提供必要的评价结果，所有这些都是在资源设计、开发时必须考虑的问题。

就资源的应用而言，移动学习的数字化资源一方面可以和传统课堂结合，作为课堂的组成部分之一，共同帮助学生完成知识建构，完成信息技术和课堂的整合，提高课堂的学习效率；另一方面，也是其主要的应用方面，可以作为学生课余学习、业余学习重要的学习对象，学生可以方便地利用移动设备进行个性化的学习。学习资源依托手机、平板电脑等移动设备，可以在地铁、机场、卧室等任何场所进行学习，学习时间也较为自由。

3.泛在学习中数字化学习资源的应用

泛在学习是普适计算环境下的学习方式，是一种任何人可以在任何地方、任何时刻获取所需的任何信息的方式，是学生可以随时随地使用自己可以找到的移动设备来进行学习活动的4A（Anyone、Anytime、Anywhere、Anything）学习。

知识越来越受到人们的重视，终身学习的概念也越来越深入人心，泛在学习可以让不同阶层、不同年龄的每一个人获得源源不断的学习机会，从某个意义来说，泛在学习为终身学习提供了实现的环境和基础。泛在学习时代的到来将有利于终身学习社会体系的构建，同时，泛在学习对学习资源有更高的要求。

（1）泛在学习环境中的学习资源要求将当前的资源存储模式改变为分布式网络存储。

（2）泛在学习环境中的学习资源要能够实现不断地变化、生成、发展，把静态、封闭的资源结构变得动态、开放、灵活起来，用户可以进行个性化编辑，学习过程中的生成信息也能实现共享，实现信息资源的持续性链接。另外，通过元数据标识借助语义分析技术，实现资源节点间的动态链接，自动构建更加广阔的空间，让每个资源"细胞"通过资源链的下线、重生、丰富、共享而获得更长久的生命力。

（3）泛在学习环境中的学习资源，一方面要能够被情境感知设备（数据手套、头盔式显示器、手控或声控输入设备等）方便地获取，学生要与环境充分结合，避免学生对虚拟环境的不适应，在这样的情况下，学生掌握起知识来会更加全面；另一方面要包含丰富的学习知识，大量的情境问题是其根本性问题，用户不只可以获取特定的知识，还能获得与特定知识相关的知识，这样的形式会鞭策用户更加积极地获取知识，形成知识的全面性和系统性。

（4）泛在学习环境下学习资源的粒度要更细，用户并不需要浪费太多时间即可在不知不觉中获得知识。另外，通过设定主题词，借助一定的语义分析功能，可以查到同类的资源，并自动建立链接，从而使资源实现基于语义的自然聚合。未来泛在学习资源设计与建设会越来越倾向于内容微型化和基于语义的自然聚合。

（5）未来的泛在学习不只是局限于基于资源的自主学习，还应与学习网络空间中的任何其他实体进行交互结合，最终实现整个泛在学习网络系统的全面结合。①

---

① 刘赟宇、孙静：《泛在学习：理论剖析和技术实践》，天津大学出版社，2019，第66页．

第一节　信息技术支持下的教与学

信息技术在教育教学领域中的广泛应用潜移默化地改变了传统的教与学的方式，使教学过程和学习过程呈现出新的时代特征。本节首先指出信息技术支持下的教学过程支持多元化交互、满足学生个性化学习需求、提倡多元评价等特征。然后，从学习内容、学习时间、学习空间、知识传递和知识建构五个方面对信息技术支持下的学习过程进行了简要分析。在前两部分的基础上，第三部分通过分析信息技术支持下的教学情境、教学结构、师生关系和教学设备的改变，对信息技术支持下的教学方式的转变进行了阐释。在学习本节内容时，要结合自身所经历的教学实践和学习实践，感悟信息技术支持下的教与学的魅力。

当前，信息技术已然成为人们适应数字时代生存与发展需求的必备素养，并越来越深入地融入到课堂教学实践中，为学生创设了真实的课堂教学情境，提供了个性化的学习内容、学习资源以及有效的学习支持服务，改变了传统的局限于有形教室的教与学的方式，为课堂教学带来生机与活力。[1]

---

[1] 钟志贤:《信息技术作为学习工具的应用框架研究》,载《电化教育研究》,2008年第5期,第5-10页.

一、信息技术支持下的教学过程分析

教学过程是学生在教师的指导下，对人类已有知识经验的认识和改造主观世界、形成和谐发展个性的实践活动的统一过程，其本质是教师有目的、有计划地引导学生，促使学生积极主动地发展，逐步达到培养目标的过程。[①]信息技术支持下的教学过程是信息化教学的重要方面，是师生充分利用现代信息技术，有目的、有计划地展开教与学的双边交流互动，共同完成教学任务的认知活动与实践活动。这一进程包含多个层次和多个要素，是师生积极互动，共同学习、发展的可持续过程，由若干能够实现预定教学目标的教学环节组成。

受教学设备和教学资源限制，传统的教学主要局限于有形的教室之中，以班级授课为主要的教学组织形式，由感知教材、理解教材、巩固知识和运用知识几个环节顺序连接而成。然而，在信息化教学中，信息技术以学习管理工具、信息资源媒体、信息处理工具和社群互动工具等角色介入教学过程，改变了传统教学过程中的教学环节的时序结构，使知识的感知、理解、巩固和运用等过程融为一体，也使教学过程更加符合教育心理规律。

信息技术支持下的教学过程，既是教师和学生充分利用现代信息技术完成知识学习、技能训练、品德熏陶等教学任务和教学目标的过程，也是师生共同学习现代信息技术，提高信息素养的过程。这里需要强调的是，信息技术支持下的教学过程也具有传统教学过程的不可逆性和不确定性，信息技术的应用也并不会自然而然地创造教育奇迹。因为技术在教育中的应用既有可能实现新型的信息化教学，也有可能强化传统的课堂教学，这在很大程度上取决于教师对技术与教育关系的解读。为使信息技术服务于教育革新，真正实现信息化教育这一崭新的教育形态，教师还需吐故纳新，运用最新的教育教学理念指导信息技术在教育中的实践应用。

二、信息技术支持下的学习过程分析

信息技术支持下的学习过程是由一系列信息化环境下的学习活动构成的

①李秉德：《教学论》，人民教育出版社，2001年，第24页.

学习过程。信息技术环境下的学习活动是学生以各种技术工具作为中介，在同侪的帮助和支持下，与信息技术营造的数字化学习环境进行交互，并在这一交互过程中实现预定学习目标的过程。[①]该过程由以下三个基本环节组成：

（1）定向环节，指学生经过学习动机和学习目的的相互作用，对整体的学习活动进行定向。

（2）行动环节，即学生借助于信息技术环境系统的各种技术中介人造物，通过信息股东和客体进行相互作用，并产出相应的学习成果。

（3）反馈环节，即由成果提供的这种反馈信息传导到活动系统的各个要素，不仅包括学习主体和客体，而且还包括学习动机和目的，甚至还包括各种技术中介、人造物等。信息技术支持下的学习过程便是这三个基本环节在外部环境和活动所处的相应的文化、历史条件下的循环，呈现出非线性特征。[②]

（一）学习内容的离散性

传统环境下的学习内容都是严格按照课程标准和教学大纲的要求，根据教材内容的编排，以线性顺序呈现给学生。学生没有自由的选择空间，只能按部就班地接受和理解这些学习内容。但是，在信息技术环境下，学习内容是分布式地存在于整个学习空间和知识空间的。加上媒体技术的支持，学生不仅可以随机地选择学习内容，还可以自定步调，自主控制学习进程，在不同的学习主题和学习内容之间自由切换，享受学习内容选择上的自主性和灵活性。这也从侧面体现出了学习过程的随机性。

（二）学习时间的碎片性

信息技术支持下的学习在时间维度上呈现出间断的离散性特点。传统教学的授课时间比较集中统一，学生只能在规定的时间内进行学习。但在信息技术营造的数字化学习环境中，学生可以突破传统学习实践的时空限制，从自己的实际情况出发，个性化地安排学习时间。同时，针对同一个学习主题，学生可以在不同的时间段内进行学习。

（三）学习空间的多样性

经过数字化改造和升级，信息化环境突破了传统教室物理空间的局限，将

---

① 严莉：《信息技术环境下的学习活动设计研究》，华中师范大学，2011年，第28-31页.
② 王继新：《非线性学习：数字化时代的学习创新》，高等教育出版社，2012年，第2-3页.

学习空间以分布式的方式置于一个超越了传统课堂边界的开放性空间场所内。学生可以通过虚拟和现实两个世界所营造的学习情境，达到对问题的深化理解和对知识的全面掌握与运用，从而促进自身高级认知能力的发展。[1]

（四）拖拉式的知识传递

在传统学习过程中，知识是以教师课堂讲授的形式单向传递给学生的，学生只能被动地接受教师传授的学习内容。然而，在信息技术的支持下，学习工具和学习资源得到了极大的丰富，为学生进行自主学习、自主探索提供了强有力的支持。在此背景下，学生成为学习过程中真正的认知主体，可以根据个人学习需要，自主确定学习目标，并利用计算机多媒体和网络通信技术自由选择能够帮助自己达成学习目标的学习内容。这正是一种拖拉式的信息传递过程。

三、信息技术支持下的教学方式转变

信息技术为教学提供了丰富多彩的教育环境和有力的教学工具，使教学方式突破了传统教学方式的单一性和封闭性，逐渐走向多样化和综合化。与传统教学方式相比，信息技术支持下的教学方式的转变是全方位的，也是深层次的，主要体现在教学情境、教学结构、师生关系和教学手段等几个方面。

（一）教学情境的改变

情境创设在教学中越来越受到教师的重视，而信息技术的发展为教师进行情境创设提供了更加便利的条件和资源。教师可以利用人工智能技术、仿真技术、虚拟现实技术创设或模拟真实的教学情境与活动，利用虚拟教室、虚拟社区等技术提供有效的学习支持服务，以同步或异步的方式充当学生学习的组织者和指导者，实现教学的个性化和管理自动化，培养学生的创新精神和实践能力。

（二）教学结构的转变

信息技术介入教学，变革了传统的以教师为中心的教学结构，从传统的"主动传授-被动接受"的结构，构建了新型的"主导-主体"相结合的新型教

---

[1]胡晓光：《信息化教学模式的构建研究》，载《现代情报》，2005年第7期，第213-215页.

学结构，突出了以学生为主的"人本主义"观念。信息化环境教学，主张关注学生的主体地位和教师的主导作用。

（三）师生关系的转变

在传统教学中，教师的角色是知识的传授者、灌输者，学生是知识的被动接受者，而信息技术的介入削减了教师对知识的垄断地位，扩展了师生交往的时空，为师生营造了一种平等、宽松的交流环境。[1]在信息技术支持下，师生关系从主体与客体转向"我与你"，教学由知识的单向传递过程转变为教师与学生之间平等对话和相互理解的过程，这不仅体现了师生之间人格上的尊重与平等，更突出了师生在教学中活动作为完整的人，全身心地投入到教与学的活动中，在对话、交流、体验和理解中实现完整人格相遇的教育理念。[2]

（四）教学设备的改变

传统教学主要以教材、黑板、粉笔为教学设备，虽然有利于显性知识和系统知识的传承，却阻碍了学生隐性知识的学习及其创新能力的培养。在信息技术支持下，教师可以根据学生的认知水平和学习风格，利用文字、图像、声音、动画以及多媒体课件等技术手段设计创作个性化的、形象化的学习内容和学习资源，极大地丰富和增强了教学内容的表现力和感染力，使教学活动更加贴近学生的生活，帮助学生进行主动的意义建构。

第二节　信息化环境下的教学模式

信息化教学模式是教学模式在新时代下的新发展。本节首先从教学模式的内涵出发，通过与传统教学模式进行比较，分析信息化教学模式的内涵与特点，然后介绍了WebQuest等典型的信息化教学模式，最后介绍了混合学习理论以及混合学习理念下的信息化教学模式。[3]在学习本节内容时，教师不必拘泥于某一具体的信息化教学模式，关键是通过了解几种常见的信息化教学模式

---

① 卢尚建：《信息技术背景下有效教学的特征及其策略》，载《电化教育研究》，2009年第12期，第76-79页.
② 冯建军：《论教学过程是交往实践过程》，载《江西教育科研》，2005年第6期，第3-6页.
③ 杨九民、李书明：《现代教育技术》，华中师范大学出版社，2005年，第118-119页.

领会信息化环境下的教学模式的机制，并在此基础上能够根据实践需求建构个性化的信息化教学模式。①

一、信息化教学模式的内涵与特点

（一）信息化教学模式的内涵

信息化教学模式是教学模式在信息化时代条件下的新发展。②苑永波从信息传播论的视角认识信息化教学模式，认为信息化教学模式是根据现代化教学环境中信息的传递方式和学生对知识信息加工的心理过程。③南国农认为，所谓信息化教学模式，就是在现代教学思想和理论指导下，师生之间运用现代教育媒体而形成的较为稳定的教学策略、结构和程序的活动范型。④由此可见，信息化教学模式是依赖于现代教育技术手段和学习环境设计理论支持的教学策略、结构和程序等的活动范型，涉及教育思想或理论，教学目标，教学程序，教学方法，教学结构等多方面的内容。

（二）信息化教学模式与传统教学模式的比较分析

信息化教学模式是在传统教学模式的基础上产生和发展而来的，与传统教学模式一样，它也具有一套比较完整且相对稳定的结构和机制，并能对其组成要素及要素之间的内在联系作出合乎逻辑的解释。二者的共同之处在于都涉及教育思想、教学目标、实现条件、操作程序和教学评价五个结构要素，不同之处则在于这些要素所指向对象的内容不同，如表5-1所示。虽然信息化教学模式在许多方面均优于传统的教学模式，但并不意味着可以简单地用信息化教学模式否定或取代传统教学模式。因为信息化教学模式自身也存在一定的局限性，如对教学设备条件和教师教育技术水平能力要求较高等。由于每一种教学模式本身都是一个动态开放的系统，有其特定的生成条件和使用范围，具有较强的针对性和适应性，故没有一种教学模式是普遍适用的。在选择和运用教学

---

① 胡晓光：《信息化教学模式的构建研究》，载《现代情报》，2005年第7期，第213-215页．

② 王惠萍：《教育心理学》，高等教育出版社，2011年，第304页．

③ 苑永波：《信息化教学模式与传统教学模式的比较》，载《中国电化教育》，2001年第8期，第26-28页．

④ 南国农：《信息化教育概论》，高等教育出版社，2004年，第64页．

模式时，教师应当从整体上把握，透彻了解其理论基础，掌握其操作模式和方法。[1]

表5-1　传统教学模式与信息化教学模式的比较

要素	传统教学模式	信息化教学模式
教育思想	以教师、课堂和教材为中心，强调教师的主体地位	以建构主义的教学理论和学习理论为基础，提倡以学生为主体，发挥教师的主导作用
教学目标	以大纲和教材规定的知识与技能维度的目标为导向，强调知识和技能的传授与掌握	致力于培养学生发现问题、分析问题、解决问题的能力，追求学生认知能力的发展和综合素质的全面提升
实现条件	对教学设备的要求局限于教室、教材、黑板和粉笔，要求教师具备丰富的学科内容知识水平和较高的教学能力水平	要求以信息化环境为支撑，要求教师同时具备技术知识、教学法知识、学科内容知识以及技术、教学法与学科内容整合的知识
操作程序	以"传递-接受"模式为主，由激发动机、复习旧课、传授新知、巩固新知、学习运用、检查评价等环节顺序组成，形式比较僵化和单一	以学生的自主探究、协作学习为主，形式灵活多样，使学习可以做到随时随地、因人而异
教学评价	比较重视对学习结果的评价，评价方式和评价标准比较单一	更加重视对学习过程的评价，提倡采用多元化评价标准和多样化评价方式

二、典型的信息化教学模式

随着教育信息化进程的不断深入和发展，学者们针对不同的教学内容和教学目标，依据不同的教学指导思想，构建出了若干千差万别的信息化教学模式，其中比较典型的有WebQuest教学模式、基于项目的学习、基于问题的学习、基于资源的学习、基于网络协作学习的教学模式、基于案例学习的教学模式、情境化教学模式、基于概念地图的教学模式、基于电子学档的教学模式和

---

[1]潘洪建、刘华、蔡澄：《课程与教学论基础》，江苏大学出版社，2012年，第221页.

基于多元智能的个性化教学模式等。本节主要介绍前四种模式，学生可在课后学习活动中了解更多类型的信息化教学模式。

（一）WebQuest 教学模式

WebQuest 教学模式是在网络环境下，利用互联网资源并由教师引导，以一定的目标任务驱动学生对某个问题或某类课题自主地进行建构、探索和研究的学习平台，是建构主义学习理论在网络学习中的实践表现。[①]它主要由导言、任务、过程、资源、评价、结论六个模块组成。其中，导言是对任务的背景说明，其作用是创设有意义的问题情境，激发学生的探究热情；任务是能够体现课程内容的真实的、可以完成的、有趣的开放性任务；过程是为完成任务而设置的步骤和支架，以教师为导航，帮助学生进行思考和行动；资源是教师为学生整合的一些与主题探究有关的网站和文字，既可为学生提供开阔眼界、处理信息的机会，又可有效避免学生网络迷航；评价用于检验学生的学习过程与学习结果，其主体可以是教师，也可以是学生和家长；结论用于提示学生反思解决自己的问题与任务完成过程，促进学生的多元认知发展。

（二）基于项目的学习

基于项目的学习（Project-Based Learning，简称 PBL）是学生围绕复杂的、来自真实情境的主题，在精心设计任务和活动的基础之上，进行较长时期的开放性探究，最终建构知识的结构并提高自身能力的一种教学模式。[②]它由选定项目、制定计划、活动探究、作品制作、成果交流、活动评价六个环节组成，使学生融入到有意义任务的完成过程中，让学生积极地学习并自主地进行知识的建构，以现实中学生学到的知识和培养起来的能力为最高成就目标。[③]基于项目的学习要求项目主题来源于现实生活，与学生现有知识经验、能力水平和学习兴趣相吻合，并能够融合多门学科知识。在活动探究前，学生要制订出详细的活动流程规划；在活动探究中，学生要尽最大努力收集和加工处理信息，

---

① 李祥兆：《WebQuest：一种新型的网络探究学习模式》，载《现代远距离教育》，2005年第6期，第21–23页．

② 章雪梅：《基于项目的学习：VCT设计模板与案例研究》，载《电化教育研究》，2009年第3期，第101–103页，第108页．

③ 高志军、陶玉凤：《基于项目的学习（PBL）模式在教学中的应用》，载《电化教育研究》，2009年第12期，第92–95页．

寻找问题解决方案；在活动探究结束后，学生要发挥个人想象力和创造力，运用所学知识和技能动手实践，完成作品创作，并通过作品的展示交流互相分享收获、经验和体会。作品制作是基于项目的学习与其他教学模式的最大区别。

（三）基于问题的学习

基于问题的学习（Problem-Based Learning，简称PBL）是一种以学生为中心、以问题解决为导向的教学模式。是将学生置于结构不良的、开放的、真实的、有意义的问题情境之中，并让学生成为该情境的主人，通过探究、发现与合作来分析和解决复杂的生活实际问题或真实性问题，促进学生深入理解隐含于问题背后的科学知识，进而提高学生的问题解决能力和学习探究能力的学习模式。基于问题的学习强调真实性问题的创设与解决，继承了"做中学"和发现学习的教育理论，其强调教师的支持与引导，鼓励自主探究和协作学习等特点，在很大程度上体现了建构主义的思想。基于问题的学习可以简单划分为创设导入、问题解决、总结评价三个阶段，在不同阶段，教师、学生和问题扮演着不同的角色，如表5-2所示。

表5-2　PBL的阶段划分

PBL进程	教师	学生	问题
创设导入阶段	问题的创设者	问题的表征者	情境刺激
问题解决阶段	指导促进者	合作解决者	研究对象
总结评价阶段	多元评价者	自我反思者	知识载体

（四）基于资源的学习

基于资源的学习（Resource-Based Learning，简称RBL）是学生借助各种类型的学习资源进行探索和实践，以获取课程知识和信息读写能力的学习过程。与基于项目的学习和基于问题的学习相比，基于资源的学习强调学习资源环境的创设和学习资源的使用，适用于不同类型的学习风格和课程领域，能体现出信息化环境下学习的开放性和共享性。这种模式鼓励学生借助多种媒体资源展开主题式任务研究来进行学习，学生以信息搜集者和加工者的身份利用信息技术工具获取知识，并在运用知识解决实际问题的过程中自主完成知识的意义建构；教师负责教学主题的开发以及探究活动的设计和组织，以学生学习的督促者和帮助者的身份出现；信息技术为整个过程提供极为丰富的学习资源、工具、情境、方法和策略等方面的支持。尽管基于资源的学习意味着为学生提供丰富多样的学习资源，但是强调资源的丰富性和多样性并不意味着内容越多越好，而是强调资源要有针对性，能够突出与学习主题的相关性。

三、混合学习理念下的信息化教学模式

混合学习（Blended Learning）是人们对传统课堂上的面对面教学和远程在线学习进行深刻反思后提出的一种新的教学理念，源于20世纪90年代的企业培训。近年来，混合学习在高等教育和中小学教育领域也受到了极大关注，并逐渐成为教育技术领域的研究热点。

（一）混合学习的内涵

印度国家信息技术研究院（National Institute of Information Technology，简称NIIT）2002年发表在美国培训与发展协会网站上的《Blended Learning白皮书》中指出，混合学习是一种包括面对面、实时的E-learning和自定步调学习的学习方式。柯蒂斯·邦克（Curtis J. Bonk）认为，混合学习是指面对面教学和计算机辅助在线学习的结合[①]。詹尼弗·霍夫曼（Jennifer Hofmann）等学者认为混合学习是一种教学设计思想，是用最优的媒体或媒体组合呈现适合学生的最佳学习模块或模块组合。笔者认为，在众多概念界定中较为全面的是创见机构于2011年提出的预定义——混合学习是一种正式的教育方案，学生学习时至少有一部分时间要通过网络进行内容和授课的学习，并且在某种程度上学生能够自己控制时间、地点、途径和进度，同时至少有一部分时间要在一个远离家的、有教师监督的实体教室进行学习，并通过以计算机为中介的活动将面对面的课堂学习与在线学习结合起来。

混合学习是整合包括面对面教学与在线学习和其他教学在内的课堂活动方面的卓有成效的努力，其目的是制定有效的计划，使用最佳元素获得最大利益。它在形式上是在线学习与面对面学习的混合，但其更深层次是包括了基于

---

①汪燕、郑兰琴：《实践、反思与交流：聚焦国际混合式教学研究——第三届混合式教学法国际会议综述》，载《现代远程教育研究》，2010年第5期，第7-11页.

不同教学理论的教学模式的混合、教师主导活动和学生主体参与的混合、课堂教学与在线学习不同学习环境的混合、不同教学媒体的混合、课堂讲授与虚拟教室或虚拟社区的混合等。①所以说，混合学习发展至今，已经不单是一种简单的学习方式或教学模式，更是一种弥补传统课堂教学和网络化学习缺陷的学习或教学理念。混合学习强调根据不同问题、要求，采用不同的方式解决问题，在教学上就是要采用不同的媒体与信息传递方式进行学习，而且这种解决问题的方式要求付出的代价最小，取得的效益最大。

（二）混合学习理念下的信息化教学模式

混合学习并非是一种单一的模式，不同的组织、学校或教师可能都有自己对混合学习的理解和实践运用方式。为了帮助教学决策者和混合学习的运营商明白如何为学生提供最好、最独特的混合学习模式，创见机构经过调研、反馈和修正，在其研究报告中归纳出混合学习的四种模式：循环模式、弹性模式、自混合模式、增强虚拟模式，并为循环模式增加了子类，如图5-1所示。②

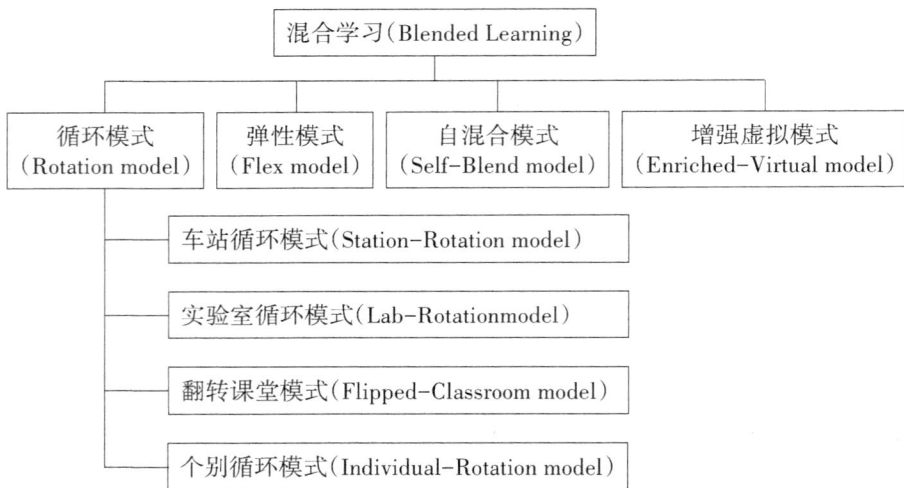

图5-1　混合学习的分类

---

① 李克东、赵建华：《混合学习的原理与应用模式》，载《电化教育研究》，2004年第7期，第1-6页．

② 张渝江、张翼：《崛起的K-12混合学习》，载《中国信息技术教育》，2012年第Z1期，第177-180页．

1.循环模式

循环模式是指对于某一给定的学科或课程，学生在固定时间内，在多种学习形式（至少其中一个是在线学习）和活动（如小组协作、集中授课、分组项目、个别辅导、书面作业等）中循环的学习模式。根据学习场所和时间可划分为四个子类：

（1）车站循环模式。即各种学习形式和活动场所都发生在配有电脑的固定教室中的模式。

（2）实验室循环模式。即学生在普通教室参加面对面的课程授课，在配有电脑的学习实验室进行相关内容的在线学习，在校园内的教室和在线学习中心实验室之间循环进行各种学习形式和活动的模式。

（3）翻转课堂模式。即学生在课外（通常是在家中）通过网络传输观看视频中教师对新的知识内容的讲解，回到课堂上，在教师面对面的辅导下解决问题，完成作业的模式。

（4）个别循环模式。即学生根据自己的个性化时间表确定学习时间，在在线学习中心实验室和教室两个场所之间的循环中完成学习活动，不必参加每一个地点或形式学习的模式。

2.弹性模式

这是一种具有弹性和自适应性的学习方式，学生主要通过互联网获取学习内容和讲座视频，教师为小型讲座、分组项目、个别辅导等学习活动提供面对面的支持。弹性模式的最大特点是，学生的学习基于个别化定制，各种学习形式流动安排，他们可以根据自身需求获得大量的或很少的面对面支持。

3.自混合模式

自混合模式是指学生在与教师面对面的学校课程之外，选择一门或多门课程进行完全在线学习作为传统课程的补充，教师负责通过网络给予支持服务的学习模式。它与全职在线学习和后文提到的增强虚拟模式的区别在于，学生在选择在线课程和传统的面对面在校课程进行混合学习时具有自主性，而非学校统一运作。另外，学生的在线学习可以在校内进行也可以在校外进行。

4.增强虚拟模式

这是一种学生将在线学习和面对面学习的时间完全分离开的模式，由学校统一运作。这类模式是全日制网校通过给学生增加实体学校体验而发展起来的混合学习模式。它与翻转课堂模式的区别是，学生平日很少出席实体学校的面对面课程；与自混合模式的不同之处在于，它是全校体验模式，而不是课列表模式。

第三节　信息化环境下的教学设计

随着教育信息化进程的推进，教学设计也进入转型发展时期。本节共分为两个部分，第一部分介绍教育信息化进程中的教学设计在设计对象和设计范畴这两方面的转型；第二部分则重点介绍信息化环境下的教学设计操作模式。在学习本节内容时，要结合教育信息化这一时代背景，整体把握信息化环境下的教学设计的理论与实践。

信息技术的发展推动着人类社会进入由工业时代转向信息时代的历史性变革之中，信息化教学设计便是作为信息时代的产物应运而生并逐渐发展起来的，其目的在于更有效地激励学生利用信息化环境合作进行探究、实践、思考、综合运用等高级思维活动，以培养学生的信息素养、创新精神和实践能力，从而增强学生的学习能力，提高他们的学业成就，并使他们最终成为具有信息处理能力的、主动的终身学习者。所有信息化环境下的教学设计都属于信息化教学设计的范畴。

一、教育信息化进程中的教学设计转型

自20世纪80年代以来，计算机技术和网络技术在教育中的应用日益增加，教学设计也随之进入飞速发展阶段。与此同时，信息论、系统论、控制论与教学理论和学习理论的结合，以及建构主义关于学习和教学的观点也对教学设计的基本假设带来了前所未有的挑战。[1]随着教育信息化进程的不断深入，教学设计的发展逐渐进入既充满彷徨和困惑又充满挑战和机遇的转型时期，这一过程至今仍在持续。[2]

---

① 任建：《从教学媒体的演变看教学设计的发展历史》，载《电化教育研究》，2012年第8期，第17—20页，第27页．

② 钟志贤：《面向知识时代的教学设计框架：促进学习者发展》，中国社会科学出版社，2006年，第11页．

（一）从教学系统设计转向学习环境设计

随着信息技术和建构主义学习理论的发展以及社会的急剧变革，传输观、系统观和过程观的教学隐喻逐步拓展出自身的内涵和形式，就是以"学习是通过培养和支持的方式展开的，而不是以任何严厉的方式予以控制和规定的"为基本假设的"学习环境隐喻"。[①]人们开始意识到，传统的教学系统设计理论已经不能满足现代教学的要求，教育和培训必须包含一个多样、广泛的学习环境，以帮助学生学会学习并能将复杂的认知和技能迁移到日益变化的现实环境或情境之中。[②]于是，人们开始用强调以学生为中心的"学习环境"，它取代传统的具有控制性和直接性意味的"教学环境"；科学家则用"学习环境设计"这一概念取代传统的"教学设计"概念，试图传达关于学与教的系统观和复杂性思维，引导设计者和实践者将支撑学习的所有要素视为一个生态系统加以设计；设计者和实践者的关注焦点也从"如何教"走向"如何为学习提供给养和支持"。[③④]这样，学习环境设计逐渐成为面向知识时代的教学设计框架建构的中心，成为教学设计范型发生转变的重要标志。

（二）从微观的教学系统设计转向宏观社会教育系统设计

20世纪80年代中期到90年代，以贝拉·巴纳锡（Bela H.Banathy）和查尔斯·赖格卢特（Charles M.Reigeluth）为代表的，几位长期致力于教学系统开发和模型设计的美国教育技术学家，将教学系统设计领域的研究视角延伸到社会大领域，将目光转向社会的转型和未来的发展，强调必须应对时代的变迁，对旧的教育体制进行彻底改造，才能将新的教育带入21世纪。[⑤]他们以人本主义、建构主义、存在主义为其哲学基础和心理学依据，提出了宏观社会教育系

---

① Wilson BG, "Metaphors for Instruction: Why We Talk about Learning, Environments" *Educational Technology*, 35(5): 25–30.

②王佑镁：《知识时代教学设计的变革框架与思维转型：《面向知识时代的教学设计框架：促进学习者发展》的感触维度》，载《电化教育研究》，2007年第1期，第93—96页.

③钟志贤：《论学习环境设计》，载《电化教育研究》，2005年第7期，第35—41页.

④王美，任友群：《从教学设计走向学习环境设计：学习科学视角下的教学变革》，载《上海教育》，2013年第16期，第60—63页.

⑤黄伟：《社会转型与教学设计：宏观社会教育系统设计理论对我们的启示》，载《外国教育研究》，2002年第2期，第15—18页.

统设计理论，明确了社会转型与人类学习模式的关联。[①]这种由学习经验水平、教学水平、学校管理水平和政府管理水平四种系统水平组成的宏观社会教育系统设计理论突破了以往教学设计只关心教学系统内部协调，主张在闭合回路中优化系统运作的局限性，将现代教育技术与社会环境结合起来，开辟了应用一切学习资源实现教育社会化、民主化、个性化的广阔途径。[②]自此，在充满变革、不确定的社会环境中，教学设计不再是自我封闭的、自己自足的活动，而是以整个社会系统工程变革作为立足点，从微观走向宏观的活动。

二、信息化环境下的教学设计操作模式

尽管信息化环境下的教学模式有多种，但无论教学的方式方法怎样，信息化环境下教学设计所关注的基本点都是一致的，并由此构成了信息化环境下教学设计的典型操作模式，如图5-2所示。

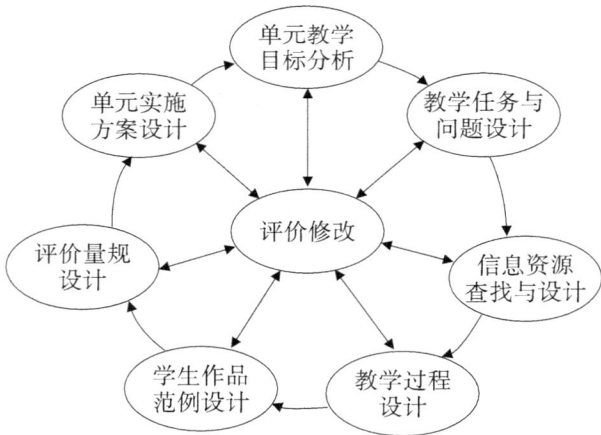

图5-2　信息化环境下的教学设计操作模式

信息化教学设计的典型操作模式融合了现代的教学理念、系统的设计方法和结构化的评价手段，体现了信息化环境下教学设计的基本原则，也代表了信息化教学的发展方向，并具有在不同学科教学中复制、应用的可能，因而具有

[①]陈明选、刘径言：《教育信息化进程中教学设计的转型：基于理解的视角》，载《电化教育研究》，2012年第8期，第10–16页.

[②]盛群力、李志强：《现代教学设计论》，浙江教育出版社，1998年，第456–467页.

一定的研究与实践价值。在典型模式中，信息化教学设计过程可分为单元教学目标分析、教学任务与问题设计、信息资源查找与设计、教学过程设计、学生作品范例设计、评价量规设计、单元实施方案设计、评价修改八个步骤，其具体内容如下。[①]

（1）首先，教师要对单元教学目标进行分析，确定学生通过教学应该学会什么知识、获得哪些能力、会完成哪些创造型产品以及有哪些潜在的学习结果等。

（2）根据单元教学目标，确定学生学习的主题，设计真实的任务和有针对性的问题，创设有意义的学习情境。

（3）根据任务和问题以及学生的学习水平，确定提供资源的方式。可以明确要求学生自己按照学习目标查找资源，也可以在对资源进行客观、认真的评价之后将其直接提供给学生，确保学生可以获得真实而可靠的信息。

（4）紧接着要对整个教学过程进行梳理，使之合理有序，并落实成由文字呈现的信息化教案。学习活动的设计是教学过程设计的核心内容。

（5）在教学过程中，如果要求学生以完成电子作品的方式进行学习，教师应事先作出电子作品的范例。当然，这个范例应从学生角度出发，以学生应该达到的制作水平进行设计。通过浏览教师展示的范例，学生应该能够对自己将要完成的任务有一定的认识。

（6）在评价信息化学习，特别是评价信息化学习产生的电子作品时，结构化的评价工具——量规提供了较为科学的方法，对量规进行认真设计将极大提高评价的可操作性和准确性。

（7）最后，还要对教学的具体实施方案进行设计，包括实施时间表，分组方法及上机时间的分配，实施过程中要准备可能用到的软件、硬件以及其他必要的文档等。

（8）对各个步骤的分析与操作通常是按照顺时针方向进行的，必要时可以跳过某些步骤或重新排序。但评价修改在整个教学设计过程中是随时进行的，要贯穿设计过程的始终。

信息化教学设计的典型模式融合了现代的教学理念、系统的设计方法和结构化的评价手段。信息化教学设计要遵循以下几项基本原则：①以学生为中

[①]王继新：《信息化教育概论》，华中师范大学出版社，2006年，第64页．

心，发展学生的主体性、主动性，注重学生学习能力的培养；②以"任务驱动"和"问题解决"作为学习和研究活动的主线，在相关的有具体意义的情境中确定和传授学习策略与技能；③强调"协作学习"与"团队合作"，使"协作交流"贯穿教学全过程；④充分利用各种信息资源来支持学习，帮助学生实现意义建构；⑤强调针对学习过程和学习资源的评价。[1]

---

①雷体南、王锋：《现代教育技术教程》，华中科技大学出版社，2010，第127-128页.

第六章
远程教育研究

远程教育在科学技术进步的推动下，以开发教学产品、使用传输媒介作为教学的手段来达到教学目的，为全社会成员提供了终身学习的机会。本章将从远程教育的内涵与基本原理、远程教育的教学系统与课程开发和远程教育的管理与评价三方面分别进行阐述。

第一节　远程教育的内涵与基本原理

一、远程教育的内涵

（一）远程教育的概念

中文"远程教育"一词源于英语"Distance Education"，最早对这一概念进行描述的是德国图宾根远程教育研究所的多赫曼。目前比较公认的有著名的爱尔兰国际远程教育家德斯蒙德·基根（Desmond Keegan）在 20 世纪 90 年代初提出的定义和亚洲开放大学协会的概念。

基根的概念认为，远程教育是一种具有以下特征的教育形式。

（1）在远程教育的教学过程中，教师和学生并不像传统的教育模式一样。二者是处于分离状态的。

（2）教育组织对学生学习发生作用的方式有三种：一是教学规划，二是准备学习材料，三是对学生提供支持服务。

（3）流媒体技术的使用。在远程教育的教学过程中，流媒体扮演着非常重要的角色。一方面，它是教师和学生之间的桥梁，教师和学生可以通过它产生各种联系；另一方面，流媒体也是课程内容的载体。

（4）远程教育能够提供双向通信，让学生可以与教师主动对话。

（5）学生在学习的过程中，与学习集体也是分离的，学生一般不接受集体教学，只进行个别化学习。除非有特殊情况，才组织集体的面授交流。

（二）远程教育的特点

1.教育对象的开放性

现代远程教育可以为没有机会或条件参加传统面对面授课的学生提供接受教育和培训的机会，受教育的人可以扩大到全社会，它使人类实现终身学习的理想成为可能。

2.教学时空的非受限性

传统的面授教育模式会受到场地和时间的限制，其教学活动开展的范围和时间都十分受限。计算机和信息技术为现代远程教育提供了强大的硬件支持，使教学活动在空间和时间上都得到了极大的延伸和扩展。在现代远程教育模式下，学生可以根据自己的实际需要对自己的学习时间和学习地点进行合理的安排，在学习过程中遇到问题可以随时提出并且得到解答。由于教学方式实现了"以教为主"向"以学为主"的转变，明显具有学习行为个人化的特征，因而在日益信息化的现代社会中开展终身学习尤为合适。

3.教学活动的交互性

现代远程教育克服了之前远程教育中教育信息单向传播的不足，拥有很强的教学互动性。这种互动式的教学课件有一个很大的优点，就是学生做完习题之后可以立马就知道答案，得出成绩，遇到难题也可以通过网络论坛（BBS）和电子邮件等方式与教师进行沟通，向他们请教，得到及时地反馈。这种先进的在线答疑系统不仅可以实现师生之间的及时互动，而且方便学生之间展开群体交流，这种交互性在很大程度上提高了学生的学习效率。

4.教学资源的共享性

因为各个国家和地区在政治、经济和科学技术等方面的发展都有很大的差异，所以各个国家和地区的教育水平也是参差不齐的，教育资源的分布也极不均匀。现代远程教育则可以通过互联网把各个国家和地区的优质教学资源连接起来。

（三）现代远程教育模式的分类

1.政府远程培训机构

这种模式的院校是政府特别创建的，不管是在硬件上还是软件上都投入了很多，可以提供各个层次的课程，而且有专职人员负责远程课程的开发并且为学生提供双向通信和支持服务。

2.远程教育大学（开放大学）

由政府独立设置的专门进行远程高等教育的全国性院校，是国家教育系统的另一种模式。如印度的英迪拉·甘地国立开放大学、印度尼西亚的特布卡大学、英国开放大学以及我国的国家开放大学等。

3.普通高等学校开设远程教育课程

这种模式一般是由像芬兰、瑞士和法国等不建立开放大学的国家使用。不过，也有很多高校提供了远程教育课程，跟英国的开放大学争夺远程教育市场。

4.私立远程培训机构

私立院校开展远程教学在欧洲和世界各地已经有百年历史了，但是由于这类远程教育很少应用现代的通信手段，所以其市场正在逐渐变小。目前，我国开展远程高等教育的模式主要有两类，即远程教育大学和普通高等学校办理远程教育。

二、远程教育的基本原理

自二十世纪中叶以来，国内外的专家学者广泛开展了对远程教育的理论研究，提出了众多的理论学说，这些理论是在远程教育发展过程中的不同时期提出的。然而，限于远程教育目前仍处于发展阶段，远程教育的基本理论还没有形成完整的体系，因而下面简要介绍约翰·丹尼尔（John Sagar Daniel）的远程教育理论和基更关于远程教育教与学的活动重新整合的理论。

（一）约翰·丹尼尔的远程教育理论

约翰·丹尼尔在近40年的学术生涯中对国际远程教育的理论建树主要包括两个部分，即交互作用和独立学习平衡论与巨型大学和竞争优势理论。

1.交互作用和独立学习平衡论

丹尼尔认为学生在远程教育中主要有两种学习活动，一种是靠自己独立进行的，另一种是需要与他人进行交互的。

远程教育需要提供高质量的学生与教材、辅导教师和学习伙伴之间的三类交互作用。远程教育系统需要在相互交流与独立活动之间找到契合点对二者进行适当的结合，通过二者的平衡来完成全部的远程课程。丹尼尔认为，学生独立学习活动和与他人的交互作用之间的平衡对远程学习系统有决定性的作用，二者之间的关系会给该体系的管理和经济效益带来重大地影响。独立活动在经济效益方面有很大的潜力，而交互作用活动虽然在开始的时候需要投入较高的成本，但是会大大提高远程教育的质量。所以，独立学习和互动学习进行适当的结合是远程教育能够发挥效用的基础。

2.巨型大学和竞争优势理论

"巨型大学"这一名词源于美国当代最负盛名的高等教育思想家、美国前加州大学伯克利分校校长和加州大学总校校长克拉克·克尔在1963年出版的《大学之用》这一经典著作，当时其被称为"多元化巨型大学"。丹尼尔提出"巨型大学"的概念并认为其具有许多传统高校不具备的优势。基于此，丹尼尔根据迈克尔·波特的理论对巨型大学的竞争优势进行了分析。他在"交互作用和独立学习平衡理论"和"产业竞争优势理论"的基础上，结合对世界远程巨型大学的考察，提出了巨型大学具有竞争优势的论断。

（二）基更关于远程教育的教与学的活动重新整合的理论

德斯蒙德·基更是远距离教育研究的权威之一，他编写、撰写过多本远距离教育方面的著作。

基更认为，远程教育最主要的一个特征就是教师教的行为和学生学的行为在时空上被分离开了，一般来讲，这种分离状态对教学是不利的，因此，需要将它们重新进行整合，以此来确保远程教育的质量。基更认为，这种教的行为与学的行为要进行重新整合一定要经过人际交流，这种人际交流除了面授辅导之外，最重要的是可以通过函授、计算机通信等双向通信技术来实现。

第二节　远程教育的教学系统与课程开发

一、远程教育的教学系统

从教学的角度来看，现有的远程教育系统的核心组成部分有远程授课子系统、自主学习子系统、学习支助服务子系统、学习测评子系统，通过远程教学管理子系统对其进行管理。

（一）远程授课子系统

远程授课子系统是构成远程教育教学系统的一个非常重要的组成部分，它以多媒体技术和计算机网络技术为强大的支撑，集合了多媒体视频和音频效果，将多媒体素材用各种各样的形式呈现出来。除此之外，它还拥有非常强大的检索功能。

远程授课子系统根据系统中教师和学生能否进行交互划分为两类，一类是单向系统，另一类是双向系统。单向系统一般采取的教学方式是单向广播，这种方式类似于电视节目的现场直播。尽管无法交互，但这种教学方式也有其自身的优点。

在双向系统中，不仅是学生可以看到教师、听到教师的声音，教师也可以对每个终端学生的具体情况有一定的了解，还可以灵活地依据学生的情况来对教学策略进行调整，更好地控制教学进程。整个教学过程是基于双向传输网络系统和多媒体计算机终端来进行的。由于每个终端不仅要发送信号，还要接收信号，所以双向系统的终端设备应该具备比单向系统的终端设备更强大的功能，整个网络的技术指标也得相应提高。以上几点都决定了双向系统的建设和使用成本远远高于单向系统，当然，双向系统的教学效果也会优于单向系统。现阶段，主要借助于视频会议系统来构建实时双向系统。

（二）自主学习子系统

自主学习子系统是支持学生利用远程教育系统学习材料进行自主学习的系统。这也是远程教育系统区别于普通学校教育的一个重要方面。虽然教师面对面授课时教学临场感强，学习效果好，但是对于学生而言，如果要听课，就必须在指定的时间到达指定的教室才行，这对于参加远程教育的成年人群体来说，是不现实的，他们总是受工作或其他因素的影响而不能在指定的时间、地点听课。这样就提出了建立一种不受时空限制的教学系统的要求。有些远程教育系统还可能由于经费或是网络环境等方面的原因，并没有建立教师授课系统，因此为学生提供一种自主学习的环境就显得尤其重要。学生自主学习系统具有不受时间、空间限制和学习方式灵活等优点，因而正在得到越来越广泛的应用。

一般而言，自主学习子系统的学习材料由教学网页、课件、视频点播等内容构成。其中教学网页是由专门的教师或者技术人员编写而成的一种电子教材，它的特点是教学内容丰富，教学方式也非常生动有趣，而且教学网页可以通过一些网络服务实现终端之间的双向通信，达到师生交互的目的。

（三）学习支助服务子系统

学习支助服务子系统也是现代远程教育中的一个非常重要的组成部分，它的主要功能是为远程学习者提供各种必要的支持和帮助。

目前许多的国家和地区在学习支助服务的系统建设方面都进行了很多探索，并逐渐形成了一种既具有共性又具有地方特色文化的模式。远程教育学习支助服务是伴随着实践的需求出现的，地区之间的差异以及需求使得学习支助服务的内容和重点都带上了地方色彩。远程教育在不断地发展，学习支助服务的内容也随之日益丰富。但是，不管如何发展，其核心都是要支持学生的学习、减少学习过程中的障碍，为学生提供优良的学习服务。

远程教学系统中的支助服务系统具有独特的性质，它们的构建都是因地制宜的，因此，虽然可以给出支助服务设计系统的准则，但是没有必要，也不可能开发出一种固定的通用模式。在理论上，支助服务的构成要素几乎是无限的，但是在实际的系统中只能提供有限的服务。重要的是要在多种要素中选出最合适的组合。

（四）学习测评子系统

远程教育系统除了要为学生提供学习材料和为他们答疑解惑之外，还要对学生的学习情况进行数据统计，以此作为评价其学习效果的依据。因此，远程教育系统必须具备一套完整的学习测评系统才能被称为功能完备。

基于网络的远程教育测评系统的组成部分包括试题库、测验试卷的生成工具、测试过程控制系统和测试结果分析工具。

（五）远程教学管理子系统

凡事都有利有弊，远程教学也不例外。在带来巨大规模效益的同时，也给教学教务管理带来了非常繁重的工作。学生要进行注册、缴费，课程设置和教学进度的管理工作非常之大，如果全部由人工去完成那是不现实的，于是教学教务管理系统就产生了。

教学教务管理是远程教育系统中极为重要的一个组成部分，在教学过程的各个方面都有着非常重要的作用。现代远程教育的教学管理具体到学生完成学业过程，管理上可以分为学籍管理和课堂教学管理两个方面。学籍管理是指教学管理系统对系统内部每一个学生的身份和与学习有关的档案进行有效管理。课程教学管理指的是对课程教学过程的管理，它不仅对教的行为进行管理，也涉及对学的行为的管理。

二、远程教育的课程开发

（一）课程开发的基本概念

"课程开发"是课程领域的一个常用的重要概念，是指使课程的功能适应文化、社会、科学及人际关系需求的持续不断地决定课程、改进课程的活动和过程。[1]课程开发包含的内容非常广泛，除了最基本的课程因素如课程目标、方法之外，这种因素之间的交互作用也被包含在内，特别是包含了课程决策的互动和协商。

从课程开发过程所承担的任务和产生的结果来看，课程开发可以划分为不同的层次，大致为宏观、中观和微观三种。不同层次的课程开发，要完成不同的任务，产生不同的结果。在宏观层次中，课程开发需要解决的是诸如课程的价值、目的、任务等基本理论问题。不管是从学科的课程开发，还是对系统的课程开发加以考虑，这些问题都是必须予以明确回答的。在中观层次中，工作的重点是对教学大纲或者课程标准进行开发，课程开发的主体因地区而异，一般为国家、地区或者学校。在微观层次中，进入课程实施领域时，之前制定的

---

[1]汪霞：《课程开发：含义、性质和层次》，载《教育探索》，2003年第5期，第21-23页.

课程计划和标准都要由教师根据实际的教学情况进行再次设计。

（二）远程教育课程的特点

在德斯蒙德·基更对远程教育的定义中，可以发现远程教育课程有以下三个最重要的特点。

1.准永久性分离

远程教育将常规教育中教师和学生之间的"距离"拉得很远，在客观上不仅使教师和学生分离开来，而且使学生在时间、空间和社会文化心理上也分离开来。但是这种分离不是指他们之间的个人联系或者间接联系完全丧失了，而是这种联系变成了被加工过的联系，它通过使用现代通信信息技术来保证教和学的进行，全方位地保证对学生的学习支持。

2.技术媒体的作用

在传统的教育模式中，大部分课程内容的教授方式都是教师与学生之间的直接交流。远程教育打破了这种直接交流，而是用一些电子的交流方式，比如录像和计算机等，所以在远程教育模式中技术媒体的作用非常明显。

3.双向通信

在远程学生和远程教育机构、指导教师，甚至学习材料之间，存在着多种形式的对话交流，也就是双向通信，它们的存在对于远程学生的学习有很大的促进作用。技术媒体的发展，可以为远程教育中的双向通信提供各种各样的选择，无形中使这种交流的有效性得到了很大的提高。

（三）远程教育课程开发的常见模式分析

下面我们对国内外比较有代表性的远程教育机构的课程开发模式进行归纳对比，并对其各自的优劣进行比较分析。

1.课程组模式——英国开放大学

英国开放大学有一个非常突出的特色，那就是拥有高质量的媒体教材，不仅在英国本土受到好评，而且也得到了国际远程教育界的一致推崇，这与开放大学实行的课程组组织创作模式是紧密相关的。英国开放大学为了保证媒体教材的质量不惜重金，投入巨大财力，仅一个学科的媒体教材就投入一千万英镑。

2.一体化模式——国家开放大学

国家开放大学在编制远程教材这条路上已经走了二十多年了。这二十多年来，国家开放大学一直对教学资源的建设非常重视，经过长时间的发展和积淀，目前已基本形成了一套比较固定的流程和"一体化"的开发模式。"一体化"的开发模式是指以学生自学为中心，以教学大纲为依据，对各种各样的教学资源进行全方位一体化的设计，具体而言，就是文字教材是自学主媒体，音像教材则承担强化媒体的作用。项目管理制是国家开放大学在建设课程工作中采取的制度，课程组由项目负责人、审定专家、主编和主讲教师构成，他们各司其职，为课程的建设做出自己的贡献。

3."主讲教师 – 技术人员 – 管理者"模式

有研究人员对我国几所试点院校课程开发的具体情况做了非常详细的调查研究，结果表明这些学校在课程开发中的人员构成和工作流程等方面都是相同的，所开发的课程特点也区别不大。从课程开发人员组成机构的角度来看，这种模式可以被定义为"主讲教师 – 技术人员 – 管理者"模式，这个模式中的成员包括管理人员、主讲教师和技术人员，课程的开发流程是先进行充分的前期准备和课程准备，然后进行课程的开发和后期使用。

（四）远程教育课程开发的人员构成

远程教育课程开发的组成人员主要包括课程开发主管、课程内容专家、课程责任教师、媒体技术专家和学习支助人员等。

1.课程开发主管

课程开发主管主要进行课程开发规划、组织、协调课程开发工作，为学生提供最方便的、最有学习效率的学习环境，审定导学的方向、辅学的渠道及策略。

2.课程内容专家

课程内容专家是专门从事课程内容设计、开发、评估和改进的专业人员。他们的工作包括搭建课程体系、市场调研、课程设计、课程评估等。

3.课程责任教师

课程责任教师也是专业教师，主要进行教学设计，从教与学的角度，融入有助于学习的元素。课程导学、辅学的教师，负责拟定课程教学大纲、教学要求、作业及考核的方式方法，准备复习需要用到的各种资料，设计制作课件和进行学生作业的批改等。

4.媒体技术专家

媒体技术专家在这个组织中是技术担当，他们负责将最好、最先进的技术引进课程开发中，与课程开发的其他构成人员一起制作远程课程。

5.学习支助人员

学习支助人员的主要工作有分发学习资料、定期或不定期地组织学习活动、对各方的信息进行反馈等。因为远程教育的学员大多是成年人，所以他们对远程教育的质量最为关心，要想保证远程教育的高质量，光有优秀的课程是不够的，必须辅之以周到的服务和健全的管理。

第三节　远程教育的管理与评价

一、远程教育的管理

远程教育管理与传统教育管理不同，它是研究远程教育管理过程及其规律的科学。远程教育的管理包括行政管理、教学管理、资源管理和人员管理，因篇幅有限，这里只具体研究远程教育的教学管理、资源管理和人员管理。

（一）远程教育的教学管理

远程教育的教学管理就是对远程教育中的教学活动进行管理。在对教学活动的规律和管理活动的一般原则有一定把握的基础上，采取一系列手段对教学工作进行管理。远程教学具有两大功能：一是对以课程为核心的教育资源进行开发和发送，二是为远程教育中的学生提供多种学习支持服务。相应地，远程教育教学管理的功能也分为两个部分，即对课程教育资源开发与发送的管理和对学生学习支持服务的管理。远程教育教学管理的目的是保持稳定的教学秩序，营造良好的教学环境，提高教学质量，从而实现学校的培养目标。

1.课程设置和课程资源开发管理

在传统院校中，主讲教师对课程教学的组织和安排依据的都是自己以往的教学经验。但是在远程教育的教学活动中，课程教学的组织和安排情况是非常复杂的。远程教育系统的本质特征是师生处于分离的状态，教育信息的传递需要借助技术媒体，学生的学习活动以自学为主。根据这个本质特征，采取计划指导、学习支持服务等手段，提供以学生为中心，充分调动各教学管理要素的教学服务。这不仅有利于学生独立自主学习，支持学习活动的服务，还在时空上把已经被分离的教与学的活动再度联系起来。

2.学生学习支持服务管理

远程教与学的全过程，原则上应包括远程教学和远程学习的全过程。这里重点讨论的是包括师生双向通信交互在内的，各类学生学习支持服务的建设和管理。

（1）学生学习支持服务体系的建设和管理。为开展和提供包括师生双向通信交流在内的学生学习支持服务，必须建立并不断完善学生学习支持服务体系和师生双向通信机制的基础设施建设。远程教育院校总部以外的地区和基层，在学生学习支持服务及其信息基础设施的建设上，通常有三种管理体制：当地学习中心或社区中心，当地教学站、教学点或教学班，当地教育院校或机构。

（2）远程教与学过程与学生学习支持服务的管理。对学生学习支持服务最宽泛的一种界定，是远程学生在远程学习时接收到的各种信息的、资源的、人员的和设施的支持服务的总和（包括师生间的人际交流和基于技术媒体的双向通信交互，实践性教学环节和对学生的平时作业批改以及检测评价等），同时学生的课程注册、学籍管理、学分认定和学位证书颁发以及各种奖励等行政管理服务也都包括在内。

（二）远程教育的资源管理

远程教育的实施对各种资源，包括环境资源、信息资源和人力资源都有很强的依赖性。所以，远程教育学校管理的一项非常重要的内容就是对这些资源进行统筹规划和管理。远程教育资源管理的内容主要包括系统拥有的远程教育资源的种类与数量，学生实际可能获得的资源种类和相关课程的数量，依据各科课程的学科性质和教学目标确定各门课程所需资源的种类与数量等。伴随着信息技术的进步，远程教育资源管理的技术含量不断提高。目前，广泛应用于远程教育资源管理的关键技术主要包括多媒体技术、知识挖掘技术、知识关联技术等。

（三）远程教育的人员管理

远程教育人员管理主要包括对教师的管理和对学生的管理。建立一支强有力的教师队伍，是远程教育可持续发展的先决条件。远程教育中对教师管理的关键是调动教师的工作积极性，教师工作积极性的发挥直接影响远程教育目标的实现。对教师的管理主要包括对教师教学思想的管理、对教师教学计划的管理以及对教师教学活动的管理三个方面的内容。在远程教育的教师管理工作中，要注重创新管理理念，实施目标管理；要坚持以人为本，强化自我管理；要讲究管理艺术，实行参与管理；要开发人力资源，坚持动态管理；要善用绩效强化，注重心理管理。

对学生进行管理的主要内容就是对学生的注册、选课、考试、学分认定等进行管理。远程教育环境下的学生管理要更加人性化，具体管理对策的制定要以学生不同的入学形式、身份特点和心理特点、学习特点和环境特点为基础。具体而言，首先要在学生入学的时候就为其量身制定专业的学习计划，并且要经常检查学习情况、定期公布学习成果；其次，在远程学习的过程中，要经常组织学生建立学习小组，一起学习一起进步，学习小组的建立可以灵活一点，如按照课程或者地域来进行组建；再次，关于学生学习计划的落实要多多督促，与他们多进行交流；最后，要定期对学生的学习效果进行考评，教学管理部门一定要坚持作业检查和抽查的制度，发现问题之后不能听之任之，要按照相关的规定采取相应的措施。

二、远程教育的评价

(一) 远程教育评价的概念

1.教育评价

随着我国高等教育评价实践的开展，人们对教育评价的定义越来越趋于一致。教育评价是以一定的教育目标和标准为基础，通过对信息的收集和定量、定性地分析，进而对教育适应社会需要的程度做出价值判断的过程。

2.远程教育评价

远程教育评价是按照社会发展要求所确定的远程教育目标、方针和政策，对远程教育活动的状态和效果、完成任务的情况和教育对象的发展水平进行科学判定的过程。

远程教育评价与传统教育评价一样，都是通过系统地收集信息，按照严格的程序和科学的方法，有计划、有组织地进行的一种关于对象的较为深刻的价值判断过程。但是远程教育不同于传统的学校教育，它具有的很多特点诸如教学媒体多样化、时空范围广和社会性强等，这都是传统的学校教育所不具备的，因此，远程教育评价是比传统的学校教育评价更具复杂性的系统工程。

（二）远程教育评价的类型

远程教育评价按照评价内容所涉及范围的不同，可以划分为以下三大类。

1.宏观教育评价

宏观教育评价是以远程教育的全领域或涉及教育决策方面的教育现象、教育措施为对象的教育评价，主要包括对高等专门人才的社会需要、预测及规划的评价；对远距离教育办学制度与专业设置的评价；对人才培养层次结构的评价；对远距离教育投资效益及教育质量的评价；对国际远距离教育交流性的评价等。

2.中观教育评价

中观教育评价是以远程教育学校或其他远程教育机构内部各方面工作为对象的教育评价，主要包括对办学条件、办学水平、办学绩效、教学过程、教学管理、思想工作管理、科研管理、学生服务等的评价。

3.微观教育评价

微观教育评价是以学生的发展变化为对象的教育评价，包括对学生的思想品德、知识技能以及学生的自习、作业、实验、毕业设计和毕业论文等的评价。

（三）远程教育评价的功能

远程教育评价的功能指的是教育活动本身具有的，可以让评价对象发生改变的作用和能力。它通过教育评价活动与结果作用于评价对象来体现。远程教育评价对提高远程教育教学质量具有重要作用，主要表现在以下几个方面。

1.鉴定功能

远程教育评价的鉴定功能指的是对评价对象合格与否、优劣程度、水平高低等实际价值进行认定和判断的功能。这是教育评价最基本的功能，其他功能都是在科学鉴定的基础上实现的。因为不管什么形式的远程教育评价都是有一定的标准作为依据的，所以它具有对评价对象进行各个方面鉴定的功能。

2.导向功能

远程教育评价的导向功能是指远程教育评价本身所具有的，引导远程教育学校、远程教育机构或个人朝着理想目标前进的功效和能力。在教育评价中，作为价值判断依据的评价目标、标准、指标及权重对评价对象起着指挥的作用，是他们努力的方向。这些评价目标在一定程度上反映了社会的需要，所以通过评价的导向作用，可以引导远程教育向社会需要的正确的方向发展。

3.激励功能

远程教育评价的激励功能是指对教育评价进行合理、有效地使用，以此来激发被评价对象的内在动力并使其维持一段时间，使被评价对象工作的积极性和创造性都大大提高，最终达到教育管理目的的功能。如果被评价的对象比较多，那么不同等级的评价可以让个人与个人之间、单位与单位之间主动地进行对比，这有利于刺激和推动被评价对象的发展。

4.诊断功能

远程教育评价的诊断功能指的是远程教育评价对远程教育的实际效果、出现的矛盾和问题做出真实判断的功能。科学的评价过程必须是评价者采用合适的手段，对各类相关的资料进行收集并仔细地分析，根据评价的标准做出价值判断的过程。对远程教育活动中效果比较突出的部分做出肯定，在今后的工作中对其进行保持并加以提高。与此同时也要诊断出其中存在的问题，积极地找出原因，并且提出解决这些问题的方法和途径。

5.监督功能

远程教育评价的监督功能是指远程教育评价具有对被评价对象进行检查、督促的功效和能力。监督功能可以帮助被评价对象找到与评价目标之间的差距，为被评价对象指明努力的方向，督促被评价对象向着评价目标前进。

6.管理功能

远程教育评价的管理功能是指远程教育评价具有使管理活动及被评价对象的行为得到调节、控制、规范，并使其趋向于教育目标的功效和能力。管理功能主要通过发布通知、行政命令或者颁布法律法规的手段来进行导向、激励、监督、检查和鉴定，从而实现调节、控制和规范的目的，最终实现远程教育的总目标。

第七章
信息化教学实践研究

信息化是当今世界经济和社会发展的大趋势,以多媒体和网络技术为核心的信息技术,已成为拓展人类能力的创造性工具。在这样的环境下,教学作为人类的一项目标明确的活动,是在教师教与学生学的统一过程中实现的。从实践情况来看,会对教学活动产生影响的因素是多种多样的,如教学环境、教学内容、教学方法等,此外,各类信息化教学手段和方法也会对教学效果产生影响。尤其是在现代教育迅速发展与不断变革的今天,将各类信息技术运用到教学实践中去,不仅是教育教学改革的要求,也是现代社会发展对现代教育的要求。本章主要对信息化环境下的教学实践进行研究。

第一节 信息化环境与教学设计

进入 21 世纪,随着信息技术的不断推进与发展,越来越多的地区和学校实现了网络连接,教育进入信息化时代。在这一时期,信息成倍增长,知识更新速度不断加快,这一变化也对现代教育带来了巨大挑战,为了适应现代社会的发展需求,现代教育必须直面这种变化。置身于现代化环境中,通过应用信息技术、在新课程中实施信息化教学、在素质教育中贯彻信息化教育理念等措施开展教学活动,这些都离不开教学设计的支持,但传统的教学设计显然难以适应现代社会发展的需要,于是产生了信息化教学模式以及相应的教学设计——信息化教学设计。

一、信息化时代的到来

21世纪，整个社会正在经历着一场变革，社会各个领域都在不断地被信息化，这种信息化的普遍性就像当年"电气化"一样，浸入社会领域的各个角落，信息化时代已然到来。从时代特征来看，信息化时代的社会环境表现出以下几方面的特点。

（一）信息以几何级数增加并成为有价值的东西

在信息时代，最明显的特征是产生了信息的爆炸。随着计算机尤其是网络技术的不断发展，网络进入了Web3.0时代，个人成为信息的生产者而不仅仅是信息的消费者。比如，微博以及微信都是个人知识生产的平台，原来网络上的信息都是由专业的网站来提供，而现在，世界上的每个人只要能上网，就有可能成为信息的生产者，从而生产和分享信息。此外，在信息时代，人们对于价值有了新的认识，不再像工业社会时期那样将价值定位为看得见、摸得着，能用、能吃的东西，而是将不能吃也不能穿的信息视为有价值的东西，其原因就是在信息社会中，信息能够在不同的情况下产生不同的价值，这是跟以前的社会不一样的一种现象。

（二）社会实践对象从开发大自然到开发人类自身

社会实践的主要对象，从改造物质世界变成了提升人自身。一旦物质生产到达了一定丰富程度的时候，社会实践的重心就从开发大自然变成了开发人类自己。人类现在越来越认识到，改造客观世界的难度远远低于改造人的主观世界的难度。这一点若从现实社会来看，也可以得到印证。例如，对于现代社会的人们来说，建造一个房子、生产一种粮食都较为容易，但改变人们的某种相对固定的思想观念，使其沿着另一种思路思考相对就不那么容易了。也正是因为如此，在现代家庭生活中，用于吃穿等日常生活的消费比例在不断下降，但用于教育、学习、休闲等上层精神需求的消费比例却在不断上升。这就说明人们主要的需求从保证温饱变成了提升素质。

（三）人类活动的时间和空间模式的改变

不论是移动通信技术还是互联网都构造了即时通信，改变了人类活动的时间和空间模式。手机的出现，让我们不管身在何处，都能和外界取得联系。

QQ、微信等软件也使人们的沟通和交流变得方便快捷。其中尤其值得一提的便是互联网，它不但可以通过数据的传输和共享，将大量信息传递给更多的人，而且它不受时空限制进行信息传播的特性为人们的即时沟通创造了条件。此外，网络使人类更了解自身，形成了汇集知识、智慧和情感的海洋文化。网上购物、网上学习以及网上聊天等更是改变了人类原有的空间模式。

二、信息化环境下的教学设计

信息化环境下的教学设计是在教育教学活动过程中，充分利用信息化技术手段和信息资源，合理安排教育教学活动的各个环节和要素，以便将信息化融入教育教学活动中，为学生提供良好的信息化学习条件。在优化教育教学过程的同时，应不断培养学生的信息素养、创新精神、学习能力，为国家建设和发展培养全方位发展的人才。

（一）信息化环境下教学设计的概念

信息环境下的教学设计简称"信息化教学设计"。很多人简单地将其理解为，在教学设计中设计教师应用一定的信息技术来展示、演示具体的课程或内容。这是我国在20世纪90年代以前使用计算机和网络开展教育教学的一种做法，它显然是不合理的。当下的信息化教学设计的内涵更为丰富，它指的是在科学的教学理论指导下，综合运用各种方法，将现代信息技术和各类信息资源融入现代教育的各个环节中，帮助全体教师在自己的日常课堂教学中充分利用信息技术和信息资源，培养学生的信息素养、创新精神和问题解决能力，从而增强学生的学习能力，提高他们的学业成绩。[①]

（二）信息化环境下教学设计的原则

1.以学生为中心

信息技术的飞速发展加快了教育信息化的进程，促进了教育的发展，解决了教育、教学中的许多实际问题。但是，随着信息技术日新月异的发展和新媒体的不断涌现，在教育领域中普遍存在盲目使用技术，过分的关注技术的功能和效用，唯技术至上的观念。[②]这就要求教师做好以下三方面的工作。

①王园园：《物联网关键技术及教育信息化研究》，西北工业大学出版社，2020，第89页．
②马静：《教育信息化背景下教师提升研究》，吉林人民出版社，2021，第99页．

（1）要为学生学习塑造合理的情境，以便他们有机会在不同的情境下运用所学的知识，将各类知识"外化"。

（2）要让学生根据自身在学习中所学到的知识，和根据自身行动所接收到的反馈信息来对客观事物形成客观认识。

（3）要有意识地引导学生在学习的过程中充分发挥自身的主观能动性，体现学生学习的自我能动性。

2.强调"协作学习"与团队合作

信息化环境下的教学设计认为，学生与其周围环境的相互作用，将会对其学习效果、学习内容的理解发挥重要作用。因此，在教学设计中，教师要注意引导学生科学地开展各类讨论和交流活动，以建立起一个围绕一定学习目的开展相关学习的群体，并尽可能地将全体学生纳入这个群体中。在学习群体中，教师要通过教学设计引导学生共同批判地考察某个观点或理论，并就具体问题展开分析和辩论，先让学生自己明确到底哪一种观点正确，然后再让学生和其他学生交换意见和看法，并对别人的观点做出分析和评论。

这种协作式的学习可以应用的范围十分广泛，不仅可以应用于教师和学生教与学的过程中，还可以应用于教师与教师的教学合作与资源共享的过程中。通过协作学习，一方面教师和学生的思维能与其他教师和学生共享，进而通过集体的智慧，不断升华学习的内容；另一方面也可以在整个群体中形成一个共同的知识体系，营造出一种群体性的学习氛围。

3.充分利用各种信息资源来支持学习

开展信息化环境下的教学设计的一个重要目的，就是为学生开展知识的主动探索和完成意义建构提供辅助，也因为如此，在教学设计的过程中，教师要注意为学生的各类学习，提供包括各种类型的教学媒体和教学资料在内的信息资源。但需要明确的一点是，这里的利用各类型教学媒体和资源，并非只是将其用作教师讲解和演示知识的辅助工具，而是要将其运用于支持学生进行自主学习和协作式探索中。因此，相较于传统的教学媒体的选择和应用而言，信息化环境下的教学设计对这一部分将会进行全新的处理。比如，在传统的教学设计中，对多媒体的应用主要是根据学生的认知水平和年龄特征，选择相应的多媒体形式辅助教学，而在信息化环境下的教学设计中，这种做法已经不复存在。教师将多媒体选择、应用的权力交给了学生，让学生在获取信息资源、应用信息资源和多媒体的过程中，主动地去探索各类知识，从而掌握了教育、学习的主动权。这种情况在传统的教学设计中，是很难见到或者很少碰到的，而在信息化环境下的教学设计中，这一现象却普遍存在。

（三）信息化环境下教学设计的模式

信息化环境下教学设计的模式多种多样，较为常见的有英特尔未来教育、资源性学习、"拾荒式"教学设计、苹果明日教室以及许多一线教师自己创造的网络时代的新型教学方式等。根据我国学者祝智庭的观点，不管教师采用哪一种教学方法，在信息化环境下开展教学设计所关注的重点基本上都是一样的，即信息化环境下教学模式的典型模式。

需要注意的是，这里所说的典型模式，并不是说它是信息化环境下教学设计的最佳模式或者唯一模式，只是说它融合了现代教育过程中的许多先进理念、评价方法等，展现了信息化环境下现代教育发展的一个方向。因此，对这种模式进行研究并将其应用于实践是非常有意义的。

在这个典型模式中，先由教师对单元的教学目标予以分析，确定学生能通过此教学达到应达到的水平或获得应获得的能力。然后，根据目标设计针对性的问题，并确定提供资源的方式。在这个过程中，教师可以按照具体的教学内容、教学任务为学生提供一些现成的资源，也可以要求学生围绕一定的中心自主搜索查找资料。在这之后，教师要对整个教学过程进行梳理，使整个学习过程更加井然有序。此外，如果在教学过程中，学生需要以电子作品的形式进行学习，教师就需要在课前做好相应的示范（这个示范应从学生的视角出发，以学生的认知特点和需求为基础进行设计），这样学生就能对自己将要完成的任务有一个总体的认识。当学生完成相应的电子作品后，教师进行作品评价时，应注意应用一系列结构化的评价工具，以便提高对学生作品评价的可操作性和准确性。另外，在评价学生作品的同时，还要对教学的具体实施方案，包括实施的时间安排、分组方法、实施过程、始终应用的硬件和软件等的准备情况进行相应的设计。

总之，信息化环境下教学设计的典型模式所产生的结果，并非传统意义上的教案或者课件，而是一个个单元教学计划包，因而也被称作"包件"，它一般包括以下几方面的内容。

（1）信息化教案。

（2）单元实施方案，即单元教学信息化工作具体的实施措施。

（3）学生作品评价量规。要从作品的内容、规格、要求、创意等方面对评价指标予以细化，在评价过程中，教师可以利用这种量化评价指标对学生作品进行针对性评价。

（4）教学支持材料，包括具体可用的教学辅助软件等。

（5）学生电子作品范例。其是用来向学生示范的电子作品范例，既可以从各类电子信息中选取出来，也可以由教师根据具体的教学内容和资料情况自行制作。

第二节　信息技术与课程整合

信息技术与课程整合是当前教育信息化进程中的一个热点问题。它指的是在课程教学的过程中，将信息技术、信息资源、信息方法等与课程内容有机结合在一起，共同完成课程教学任务的，一种在信息化社会中不断提升教育效率的方法。在很长的一段时间里，人们都认为，将信息技术运用到教学过程中，实际上就是在教学过程中利用各类信息技术来演示、展示相关的教学内容，以新鲜感来刺激学生，提高他们的学习效率。这一观点将信息技术定位为演示工具，过多地把注意力放在事物的演示和知识的呈现上，并没有完全展示出信息技术数字化的优势。因此，在新时期的信息化环境下开展教育教学，必须转变观念，真正地将信息技术合理融入到教育教学中，以充分发挥现代教育信息技术的作用。

一、信息技术与课程整合的必要性

随着信息技术的发展，以计算机技术、网络技术为标志的教育技术革命向传统教育手段、形式和内容发起了教育事业有史以来最严峻的考验和挑战，这也使得现代教育发生了诸多变化，如教学制度正从学年制、学分学年制向完全学分制和弹性学分制转变；教学形式正从黑板和粉笔向网络化、多媒体教学转变；教学模式正从全日制向多层次、多形式、多规格转变；教学内容正从使用统一教材向不断更新知识、追踪科技前沿发展；教育思想正从一次性的学校教育向终身教育发展。网络时代教育的特点是开放化、多元化学习，因此教育内容、教育手段的现代化和终身教育得到实现。信息时代是科技日新月异的时代，是知识、信息呈爆炸式增长的时代，在这一时代，随着信息总量和知识总量的不断攀升，信息传播速度、传递方式的快速变革，人类已经步入信息大爆炸的时代。在这样的社会背景下，学生在学校所学到的知识一般仅占一生中所需知识的10%左右，其余90%的知识都需要他们在日常的学习、生活以及自己日后的工作中不断丰富、不断获取。正因为如此，在现代社会，了解、学习、掌握和运用已知的知识，并运用各种信息技术来自主探索各类知识，即将信息技术作为每个社会成员生存和发展的重要条件和手段，不断学习和接受教育已扩展到人的一生。在这种大背景下，将信息技术与课程予以整合，有助于推动现代课程教学改革的发展。具体来说，其必要性主要体现在以下几方面。

（一）信息技术与课程整合将促进课程内容的革新

随着现代信息技术的快速发展，现代信息技术的应用范围也在不断扩大，越来越多的信息技术被运用于人们日常生活的方方面面。对于现代教育来说，将信息技术纳入现代课程教育过程中，不但有助于利用信息技术形象化、生动化、多样化地呈现课程内容，而且有助于学生通过发达的信息网络获取各类信息资源，同时还有助于教师根据信息网络实时更新的各类信息资源，不断革新、充实原有的课程内容，进而推动学校课程内容的革新，适应现代社会发展对课程教育内容的要求。

（二）信息技术与课程的整合会使课程的各个组成部分产生变革

准确来说，信息技术本身并不能引发课程的变革，但它却可以作为一种助推力，来推动学校课程的变革。具体来看，在信息化的时代背景下，信息技术的快速发展，使得各类信息的交互变得越来越频繁，信息产生的速度也在不断加快，这在很大程度上使得现代人的学习观念发生变革，迫使人们不断革新课程观、教育观和学习观，而从当前的社会境遇下知识变革的速度、知识需求的情况，以及增强学生独立性、自主性、首创性等需求来看，开展课程教育必然也会推动现代课程教学的变革。

（三）信息技术与课程整合将带来课程资源的变化

信息技术的快速发展，网络资源的丰富性与共享性，大大冲击了传统课程的资源观念。在现代社会，课程资源已经不再像过去一样，仅仅以一本书、一系列教材等印刷品的形式出现，其范围被大大扩展，网络资源、音像制品、视频图像等都被纳入现代课程资源的范畴。这种资源形式的拓展不但有助于及时更新现代课程教育的内容，而且具有媒体载体的课程资源形式大大丰富了课程教学的整个过程，丰富了学生与教师的感官，能有效提高课程教学的效率。

（四）信息技术与课程整合将带来传统教学策略和理念的革新

信息化环境中的课程教学与传统课程教学不同。在传统课程教学中，教师作为知识的传授者常常以高于学生的姿态出现，而在信息化课程教学中，教师主宰课程教学的作用被大大削弱，学生利用信息技术可以不断提升自己的主体地位。也因为如此，信息技术作为课程教学的辅助工具正在不断改变着传统教育理念，而在信息技术的加持下，研究型学习、探究性学习等学习模式正以全新的姿态冲击着传统的课程教学模式。

具体来看，一方面，信息技术与课程的整合带来了学习方式的巨大变革，由于信息技术的作用，以及信息产生、传播的速度不断加快，传播的范围不断扩大，传统的学习方式显然已跟不上时代的步伐，也无法满足学生的需求。在这种情况下，将信息技术与课程整合，有助于教师和学生转变传统的教育教学观念，从传统的填鸭式教学，转向接受信息技术环境下的各类主动式学习、探究式学习、研究式学习等，从而不断提升学生学习的主观能动性；另一方面，信息技术与课程的整合，大大促进了课程评价的变革与完善。在传统课程教学模式中，课程评价的标准常常被定位为学生的学习成绩，而忽略了学生其他方面的发展。在信息技术环境下，将信息技术与课程教学予以整合，将为课程教学带来全新的价值观念和评价手段，不仅有助于学生通过信息技术进行自我测评，进而根据自己的情况予以改进，还有助于教师通过信息技术开展动态评价、综合评价、全面评价，从而不断完善现代教育课程评价的方法。

二、信息技术与课程整合的目标

正如上文所说，将信息技术与课程予以整合，并非仅仅是将信息技术视为辅助课程教育的工具，而是要利用信息技术，在课程教学的过程中营造一种有助于学生自主探索的学习环境，进而启发学生思考，引导学生自主获取信息、进行信息资源共享、开展协作学习等于一身的课程教学方式。换句话来说，也就是要实现一种不仅有助于教师发挥课程教学的主导作用，引导学生进行知识探索和知识学习，而且有助于提高学生学习主动性与能动性的，以"自主、探究、合作"为特征的教与学的方式（这正是基础教育新课程改革所要求的教与学的方式）。通过这一方式，不仅可以使传统课程教学中，以教师为中心的课堂教学结构发生根本性变革，而且能将课程教学培育学生的自主创新能力与实践能力的任务真正落到实处。这也是现代素质教育的基本理念，而这也意味着在进行信息技术与课程整合的过程中，必须围绕以下目标开展。

（一）培养学生终身学习的态度和能力

借由信息技术，学习资源得以在全球范围内被共享，虚拟课堂、虚拟学校也逐渐出现在人们的日常生活中，这种远程教育理念和实践的兴起，使得人们可以通过互联网随时随地进行学习，学习的时空范围被彻底打破。同时，信息化的出现也为终身教育的实施奠定了良好的基础，传统的一次性教育在信息化环境下被无限延伸，学生可以利用各类信息技术无限次地学习，从而大大拓宽了学习的时效性。要实现终身学习，教育必须要向纵深化发展，要将教学的个性化、学习的自主化、作业的协同化相统一，并把学生学会学习、具有终身学习的态度和能力作为培养目标。

（二）培养学生获取、分析、加工和利用信息的知识与能力

将信息技术与课程予以整合，实际上就是要从传统的将信息技术视为教学辅助工具的观念，转变为利用信息技术为学生的学习创造良好的条件，并在教学的过程中培养学生信息素养的观念。这也是信息技术与课程整合的目标之一。

具体来看，学生应具备的信息素养，应包括以下三方面的内容：第一，具备信息加工的能力，即能通过信息的排序、检索、组织、表达、存储、传播等方式对各类信息进行加工。第二，信息技术的应用能力，即能通过利用信息技术实现对信息的应用，并能运用这些技术来解决学习、生活、实践中的大部分问题。例如，能利用信息技术拓宽自己的知识视野，会利用现有的信息技术能力来解决学习中出现的问题，能根据自己的学习内容利用各种信息工具主动获取具体的信息资源等。第三，对信息进行批判、分析的能力，获取信息只是第一步，若学生不能分析这些信息，那么所获取的信息一般也不会对学生产生非

常大的影响，再加上信息更新速度的不断加快，获取信息的速度永远赶不上信息产生与传播的速度，长此以往，学生很容易就迷失在各类信息的搜集中，并不能实现自身信息素养的提升。因此，对信息进行分析、批判也是信息素养的一个重要方面，它要求学生能根据客观情况，自己的认知以及其他各类帮助来分析、批判信息。

（三）培养学生的适应能力、应变能力与解决实际问题的能力

在当今这个信息大爆炸的时代，信息产生、更新的速度不断加快，人们需要学习的知识量也在迅速增加。在对信息的挖掘与利用中，人们已经步入知识经济时代，知识也逐渐成为促进社会发展的一大动力。在这种情况下，新兴学科、交叉学科不断涌现，同时也带来了知识的进一步增长。这些变化对现代人的政治、经济、文化等活动都产生了巨大冲击和影响，并直接对人的适应能力、应变能力和解决问题的能力提出挑战。在这种情况下，将信息技术与课程予以整合，就要运用信息技术不断提高学生的适应能力、应变能力和解决实际问题的能力，使其能够跟得上时代发展的步伐。

（四）培养学生掌握信息时代的学习方式

在信息化教育教学环境中，人们的学习方式发生了重大变化。学生获得知识不再像传统课程教学一样，一味依赖于教师的讲解和对书本、教材的学习，信息化教育教学可以利用各类信息化平台和手段，获取多种多样的信息资源。在占有这些信息资源的基础上，教师平等地与其他学生、教师进行协商讨论，开展合作式学习，从而实现自我发展与进步。从这一方面来说，将信息技术与课程进行整合，必须帮助学生掌握信息时代的学习方式，既要能利用各类信息技术开展自主性学习，也要能利用信息技术与其他学生、教师展开协商与讨论等。

三、信息技术与课程整合的方法

我国从2003年开始就进行了大规模的网络精品课程开发，尽管耗资巨大，所建课程资源丰富，但因其交互性较差，推广宣传欠缺等问题，导致课程建设未能达到预期目标。在信息化环境中，我们应采取数字学习资源与课程相结合的方法。我们应以现有教材为基础，在教学过程中，充分、有效地利用国

际互联网上的丰富教学资源，如电子邮件、电子论坛、网络论坛（BBS）等方式实现了网上讨论、网上答疑、网上作业等学习形式。

需要注意的是，要想切实实现各学科教学与信息技术的科学整合，教师必须充分利用信息加工工具让学生进行知识重构，利用文字处理、图像处理、信息集成等数字化工具，对课程知识内容进行重组、创造，这样才能在对课程教学内容进行信息化处理后，将其提供给学生使用。因此，整合的关键在于教师，教师应该具有先进的教育理念和一定的信息技术能力，可以运用信息技术表达教学内容、教学方法，优化教学结构，能够很好地规划和设计自己的教学以及了解信息化教学展开的具体进程和方式。具体来说，教师进行信息技术与课程的整合可采取以下三种方式。

（一）过程整合

过程整合是指教师与学生以教与学为目的的具体操作形式。即将信息技术的学习运用与学科课程的学习探究有机地融合在同一活动过程中，并在这一过程中达到建构主义所倡导的"同化"与"顺应"的目的。这是课程整合的主体，也是实现课程整合的途径。这一过程整合包括三个基本阶段：课前准备阶段、课堂实施阶段及课后拓展阶段。其中，在课前准备阶段，教师应针对教学内容精心设计教学方案，寻找切入点；在课堂实施阶段，教师要依据教学方案，提出学习任务目标（包括必要的网络知识学习）及相应的学习方式（个别学习或小组学习），引导学生自己解决问题；在课后拓展阶段，教师应通过专题学习网站、邮件、QQ等方式针对课程内容与学生进行网上讨论，教师要做的主要是给学生提供必要的网站、网址以及自己的邮件地址，并加强对学生网络文明、网络安全及学习目的的教育。

（二）资源整合

资源整合应该是一种以优化教育资源为目标的组织形式，是教师特别是管理者，通过对硬件资源的合理配置、网络资源的充分利用、人力资源的培养开发以及课程资源的有机架构来实现组织形式的"优化整合"，是课程整合的保障与基础。

（三）能力整合

教育的终极目的是培养学生的能力，现代教育的目的是培养学生终身学习的能力。"能力整合"指的是，通过研究过程整合和资源整合的这种课程整合形式，更有效地借助日益发达的教育技术，培养既具有较高信息素养，又能运用现代信息技术进行不断学习的新时代学生。

第三节　移动学习应用研究

移动通信技术的发展影响了人类社会的每个层面，给人们的工作、学习、生活、娱乐等带来了前所未有的变革。作为新型的学习方式，移动学习不仅有助于个人的终身学习，而且在未来社会的学习活动中扮演着重要的角色。作为移动通信技术和数字学习技术相结合的产物，移动学习代表着学习方式的未来。移动学习方式与现今的素质教育、全面教育、终身教育等教育理念有着密切的联系，并且逐渐被广大的学生所关注。移动学习的出现改变了人们的学习方式，让人们可以在移动设备上随时随地进行学习，满足了任何时间、任何地点进行学习的需求，为学习的终身化和全民化提供了可能性。此时，学生可以利用移动学习灵活地确定学习的时间、地点，可以便捷地选择适当的学习资源，可以借助移动通信或者无线网络提供的交流方式，随时随地获得来自伙伴和教师等的支持和帮助，促进学习问题的解决。

一、移动学习

移动学习是一种在移动设备的帮助下，能够在任何时间、任何地点进行的学习。移动学习所使用的移动设备必须能够有效地呈现学习内容，并给教师和学生提供双向交流的平台。移动学习能在数字化学习的基础上，通过有效结合移动计算和通信技术带给学习者随时随地学习的全新感受。它被认为是一种借助智能手机和平板电脑等便携数字移动设备进行学习的新型数字化学习方式。

目前最常用的移动学习设备主要包括智能手机和平板电脑。智能手机与平板电脑最主要的三种操作系统分别是苹果公司的 iOS 系统、谷歌公司的安卓（Android）系统以及微软公司的 Windows Phone 系统。三者之中唯独谷歌公司的安卓系统不向移动设备生产厂商收取操作系统许可费，并且完全开放其源代码，因此大多数品牌的移动设备生产厂商都采用安卓系统作为其产品的操作系统，导致使用安卓系统的移动设备品牌、种类和总数都比使用另外两个系统的高。

二、移动学习应用

从移动学习的应用实践来看，大学生群体占据了一个十分重要的地位，他们的观念较新，容易接受新鲜事物，自主学习的时间多，并且具有较强的学习动机。因此，在移动学习的应用上表现得尤为突出。根据赵慧臣在《移动学习的影响因素与优化研究》一书中以南阳师范学院发放"大学生利用手机学习情况调查问卷"为代表进行的调查显示，手机作为移动学习终端是未来的发展趋势，有97%的学生体验过手机学习的功能，但只有7％的大学生选择每天应用并将手机作为学习生活中必不可少的一部分。25.5%的学生认为手机作为学习平台的效果并不好，10.7%的学生反映，平时经常利用手机和老师、同学进行交流和学习。由此，人们逐渐了解了基于手机平台的移动学习的强势，更容易掌控碎片化时间，具体如表7-3所示。

表7-3　大学生移动学习程度的统计（单位：%）

项目		比例
你是否经常利用手机学习	从未体验	3.0
	偶尔查阅	67.8
	经常应用	22.2
	每天应用	7.0
是否经常设定手机学习目标,完成效果怎样	从不设定	35.7
	偶尔设定	24.8
	经常但效果不好	25.5
	经常并能按时完成	14.0
师生之间是否经常利用手机平台交流学习	禁止带手机	7.3
	没有应用	28.5
	偶尔应用	53.5
	经常交流	10.7

手机在移动学习方面具有十分明显的优势，这些优势主要表现在以下几方面。

第一，学习方式的自主性。各种教育类手机APP逐渐被开发上线，手机的普遍使用使学生在选择学习内容和学习方式等方面具有较大的自主性，学生可以根据自己的学习风格以及当前的学习需求安装适合自己的教学软件。

第二，学习费用的廉价性。手机费用较计算机低廉，随着技术的提高，其功能几乎可与计算机媲美，在各类人群中普及率较高。

第三，学习的时效性、灵活性。在网络的支持下，手机可以使学生摆脱有线线路的束缚，随时随地进行学习。学习地点不受限制，学生遇到问题大都可以借助手机中的网站或社交软件展开学习。

第四，学习资源的多媒体性。移动学习资源大多以多媒体形式呈现，而目前智能手机等移动设备和多种媒体格式技术，让移动学习得到了最大的技术支持。5G网络的普及将使移动学习平台得到更好的应用。

浏览网页的学习方式成为手机学习的首选，原因在于它更加方便快捷。在学习中遇到难题时，拿出手机百度，立即就可以搜索到众多参考答案。但是由于技术问题，很多学习网站在手机上无法完整显示，很多功能也不被支持。

手机相关技术的飞速发展，可以使其支持更多的多媒体格式，可存储的离线学习资源也更加丰富，如文本、课件、图片、视频等格式的学习资料都可以相互分享，随时存储。手机APP是未来流行的学习方式，手机学习类的APP相继开发上市。

在移动学习中，以手机终端作为平台的学习方式将成为趋势。作为能够在任何时间、任何地点开展的学习方式，移动学习所使用的移动计算设备必须能够有效地呈现学习内容并且提供教师与学生之间的双向交流。作为一种更符合现代社会人们工作、生活需要的学习方式，移动学习具有情境性、人性化和协作式的特点，能够使任何人随时随地获取所需学习资源，享受无处不在的学习服务。

第四节　学生管理及其信息化建设研究

在大数据时代，学生教育管理工作面临着新的挑战。学生教育管理工作要进行创新，就要将单一的学生教育管理工作模式转向多元化，充分发挥学生的主体地位，满足当前社会发展的需要。

一、学生管理工作及其信息化重构

（一）学生管理工作概况

1.学生管理的工作特性

学校管理层的行政工作应与学生的特点与需求相适应，将管理工作与不同学生的特征相契合。当代学生的思想多元化特征明显，每个人都有极强的个性，部分学生对未来感到迷茫，容易在面临人生选择时走向极端。因此，学校必须担负起责任，引导学生走向正确的人生道路，仅凭教师的引导，效果杯水车薪，必须通过一套人性化、个性化的制度，引导学生走向正途。

学校工作是一项专业性非常强的工作，从管理到服务，从教学到授课，每一个环节都充满专业色彩。因此，必须要有专业人才担任高效管理服务的工作。在管理过程中，更要以动态的视角看待每一个学生的行为动向，对学生偏离轨道的行为，必须在第一时间予以纠正。

学校管理工作最后都要落到实践中，随着时代发展，理论需要根据实践不断进步，也对高效管理的实践性提出了更高要求。由此可见，学校必须不断更新管理方式，革除落后的管理方式，以便更好地适应不同时代的管理需要。

2.学校学生管理的理论依据

（1）人本管理理论

所谓人本管理，是以人为本的管理方式。这种管理模式将"人"作为管理工作的出发点，作为管理活动制定的唯一依据。事实上，早在20世纪30年代，西方企业管理人员已经按照该理论，根据员工的个人爱好等，为他们量身制定工作内容。这一工作模式不仅能满足员工的经济需要，还能满足员工的发展需要。

就实践角度而言，学校的人本管理在某种程度上是以学生为本的管理。学生不同于员工，各方面都还不够成熟，对学生的管理不可避免地应采取更加强硬的手段，一方面是为了学生能够快速适应学校生活；另一方面是为了使管理的效率有所提升。需要注意的是，以人为本的学校管理方式不仅强调硬性规定，还强调发挥每个学生的兴趣，不仅包括学术兴趣，还包括课余兴趣。

（2）目标管理理论

所谓目标管理，即先设定目标，再以实现目标为根本目的的管理工作。通过设置激励手段，激发学生实现目标的兴趣与动力，充分引导学生发挥自身创造性，让目标导向成为管理群体与被管理群体的共识。

21世纪以来，学校管理体制不断革新，校园管理者也不断面临着新的挑战。社会制度的变革，如分配制度的取消等，对学校管理工作提出了巨大挑战。除此之外，新世纪的科技手段，如移动网络的普及，也使学校管理手段和效果发生了翻天覆地的变化。网络的出现，让每个管理者与被管理者都处于一线现场，每个部门的权责在互联网世界中变得空前透明。因此，如何利用互联网将管理目标变为群体目标，是每个学校管理者必须考虑的问题。

（3）过程型激励理论

现代管理理论已经从结果导向管理发展到过程导向管理。具体而言，是使被管理者在管理过程中得到满足感与获得感。根据过程管理的理论内容，被管理对象的行动力在很大程度上取决于这种行为所导致的结果对其的吸引力，以及被管理者对这一过程获得感的判断。如果结果极具吸引力，且实现的可能性较大，被管理者会有更强的行动力。

从某种程度上说，互联网技术让学校的每一个人都成为管理者，与之相应的是，集体的管理目标也成为每个人的个体目标。于是，整体目标实现过程的可能性、结果好坏，影响着每一个个体的实践选择。

（二）学生管理工作的信息化重构

1.学生管理工作信息化重构原则

第一，顶层设计原则。学校管理层必须首先做好顶层的资源分配，让人、财、物能够尽其所用。在此基础上，从整体性出发，考虑整体目标与分项目标的关系，由此构成由上而下的一整套管理体系。

第二，系统性原则。学校的管理工作是一个系统，不可能一蹴而就，且学校并非一个静态的整体，而是一个动态的整体。因此，要实现对每一个过程和环节的把控，必须兼顾现实性、短期性和长期性，要一步一个脚印，不能操之过急。

第三，机密性原则。学校管理的对象是学生，为了使管理达到更好的状态，了解每个学生的必要信息是合理的，这也意味着学校需要承担起保护学生信息安全的责任，要实现这一点，可以应用先进的技术手段，如区块链技术等，来保障学生的信息安全。

第四，信息流动性原则。早期受限于技术，学校内部信息沟通始终不能做到完全畅通，各个部门之间的协调也不到位。对此，学校管理者必须提升信息技术管理水平，让信息资源最大限度地实现共享。

第五，开放性原则。在互联网社会，信息数量爆炸式增长，信息来源复杂，信息实时性越来越突出。对此，学校必须搭建具有良好兼容性的信息平台，实时掌控各类信息。

2.学生管理信息化平台构建

（1）学生管理信息化平台功能要求

①满足互动性。学生信息管理平台作为为学生提供行政与生活服务的信息化平台，不仅要对学生的数据进行搜集，还要承担诸如选课、申报奖金等功能。因此，学生管理信息化平台必须要有足够的互动性。

②满足功能性。随着数字化信息时代的到来，学生上学期间的所有资料都用数字化的形式存储，并建立专属的数字化档案，而学生信息管理平台的基本功能是查询和维护学生自入校到毕业期间的相关信息，通过这一功能，可以精准查询到学生在各个阶段的学习信息及相关信息。比如，学生某段时间的上课情况、学生某学期的综合素质测评得分情况、学生某学期各科考试成绩、学生家庭贫困状况、学生某时期受奖励处分情况、学生某段时期受资助情况等。

③满足相关管理特性。学生信息管理平台需要满足学校某项针对性的要求，主要是由学生工作管理的系统性决定，即系统管理学生素质教育和教师团队建设。比如，为了加强班风、学风建设，学校应强调班级的到课率、学生考试成绩的及格率、学生职业资格证的合格率等，这些作为班级考核内容，应该在平台运用中得到体现。

（2）学生管理信息化平台的功能模块

一个合格的信息平台要有以下功能。

①学生信息的存储与管理功能。学生信息管理平台应当详细存储学生的必要信息，如出生年月、健康状况、家庭状况、身份证号码、住址、学习情况、考试成绩等，并提供必要的咨询与查询功能。

②综合素质管理模块功能。包括学生的课堂实践与成绩、课外实践与成绩、校内活动表现情况与获奖情况等。

③贫困生资助与奖学金发放功能。一个合格的信息管理平台应当同时满足贫困生与优秀生的奖金申报功能，并能够直观地展示出申报流程的推进情况，

减少沟通成本。

④校园政策与学生反馈模块。学生信息管理平台应当承担起校园政策发布和学生意见反馈的中间角色。一方面，新的措施与政策（包括生活措施、奖助措施、教学措施、学分政策、保研政策等）可以在平台上发布，减少师生对政策的误解与误读；另一方面，学生可以在各类校园新闻下进行评论，使学校能够及时掌握学生的想法，并予以反馈。

3.学生管理工作信息化重构方案

（1）上层设计和整体安排要合理。信息化重构方案中最主要的一环是上层设计和整体布局。学校在学生管理工作方面要有全局意识，要从整体出发，在建设相关基础设施、人才培养、优化信息资源等方面都要综合考虑，在学生管理信息化重构的资金投入、资源配置和信息检测等方面也要具备大局观。

（2）在引进和培养人才方面要重视人才质量。各项工作的顺利开展，都离不开高质量人才的参与。学校要做好学生管理信息化重构工作，必须引进和培养高质量人才，要在人才培养方面有详细、全面地规划。根据制订的相关计划，首先对校内负责学生管理的人员进行培训，提高他们的信息技术素养，掌握相关技能，提高信息管理能力，为管理人员信息技术能力的发展提供相应的学习平台；其次，加快引进高技能人才，推进学生管理工作信息化的进一步发展。

（3）不断优化和整合资源，促进资源合理利用。目前，学校资源使用率较低，资源不足问题越来越严重。对此，必须采取相关措施解决学生管理工作资源不足的问题，整合一切可以利用的资源，提高资源利用率。信息化学生管理工作的实施环境也至关重要，学校可以采用多种方式与外界进行交流，及时关注国家的相关政策，争取政府的政策支持和资金支持，这样可以让学生管理工作的效率更高，也更有保障。

（4）对中间环节加大监督力度，同时进行全面评估。在严格的监督下，学校各项工作才能顺利地实施，对工作环节进行全面评估有利于不断完善工作，及时纠正错误。学生管理工作的信息化重构离不开监督，学校要组建相关评估小组，制定合理的评估方案，对各项工作进行评估和反馈，促进学生管理信息化重构工作的顺利开展。

（5）在校园内营造良好的信息文化氛围，提高全体师生的信息文化素养。在未来的社会发展中，信息技术还会扮演重要角色，学生管理工作更加离不开信息化系统建设。学校在促进信息文化发展的同时，也可以使之内化为自身优势，这一过程也是学生管理信息化重构的过程。

4.学生管理工作信息化重构成效展望

（1）提高学生管理工作效率

学校最主要的任务是为国家和社会培养人才，在人才培养过程中，不仅要重视学生专业知识水平的提高，更要重视学生身心的健康发展，提高学生的整体素质。为此，贯彻落实这项基础工作，教育工作者需要做大量的辅导工作，深入学生的生活，对他们进行细心地指导。要做好这些工作，离不开信息化管理的支持，高效的信息化管理能够让工作进展得更加顺畅。

学校工作中有一项非常重要的工作，就是对学生进行教育管理，学校开展的关键性工作以及学生管理的基础工作，都与这一工作密切相关。为了使工作内容更加完善，管理模式更加科学高效，学校需要引进信息化管理模式，并积极运用到学生管理中。信息化管理系统之所以能够让工作开展地更加高效，主要原因是在管理系统方面具有独特性，能够综合处理有关学生的各种信息，然后将信息公布在公共平台上，使每个人都可以轻松查阅到需要的信息。信息化管理系统在信息查阅方面具有显著优势，在很大程度上方便了学生的管理工作，也促进了学校管理水平地提高。

在公共平台上，也可以查阅到与学生或集体有关的各种信息，比如学生的考试成绩、在校上课情况、在校期间受到的奖励或处罚，还有在某一时期某专业学生的上课情况、学生的成绩等情况。信息化管理系统的应用使学生管理工作更加顺利，学校管理人员能够很快地掌握学生所在班级、寝室、专业的各种信息。信息化管理系统中实时更新的数据还可以让学生管理工作更加有针对性，从而提高学生管理工作的效率。

（2）实现学生管理资源共享

随着学校快速发展，招生规模不断扩大，学生管理工作的难度越来越大。因此，共享学生管理资源，可以提高学生管理工作的效率。学生管理系统信息化建设要打破传统的多头管理模式，以学校整体发展为出发点，制定长远规划，建立统一的建设标准。管理人员的专业技能和整体素质决定信息化管理是否能够得到实现，为此，学校需要提升管理人员的整体素质，针对不同岗位的工作人员进行专业培训（如计算机基本操作、软件使用、故障处理、数据整理、业务知识等）。

二、信息化发展对学生管理的影响

网络技术进入飞速发展的阶段，利用现有的网络技术构建学生工作的信息化管理平台，能够提高学生管理工作的效率，有利于学生素质教育的开展，营造有助于学生个性化发展的成长环境。当然，就现阶段而言，还有很多问题需要解决。学生管理工作分为学生教育管理工作和学生思想政治工作，其核心职责是为我国社会主义现代化建设培养优秀的接班人。

学生管理工作在几代人的推动和研究下，建立了我国学生管理工作体系，通过长期实践，创建出适合我国学生管理工作的方法。但是，学生的思想会随着时代发展而改变，学生管理工作也越来越复杂和繁重，各学校越来越倾向于建立学生工作信息化管理平台来解决相关问题。

在对学生管理和服务的过程中会产生一些基础信息问题，学生管理工作便是对这些信息加以整理。以往通过人工对这些信息进行收集、统计和传递，工作量大，重复内容比较多，工作效率也很低。但如今，学校可以利用计算机和网络技术代替传统人工的工作方式，完成对基础信息的整理工作。学生管理信息系统能够自动处理学生管理中的各类信息，将整理后的内容传到互联网上，教师和学生可以依据权限和需求查询相关信息。这种工作方式能够减少学生管理工作的工作量，提升工作效率，提高学生管理工作的能力和水平。

（一）信息化发展实现学生管理工作科学数字化

互联网技术发展得愈发成熟，社会信息化是大势所趋。社会信息能够改善学生思想政治教育工作的工作方式，有利于学生管理工作向数字化方向推进。目前，学生的信息都是以数字化方式进行存储，教师或者学生查找相关信息更加便捷高效。在推进学校数字化建设的过程中，学生管理系统不仅要符合数字化校园要求，还要与中心数据交换平台相匹配。所以，学生管理系统的数据信息要上传到中心数据库中，保证与中心数据交换平台相兼容。这不仅有利于学校数据管理权威化、集成化和标准化的实现，还能够保证数据的一致性、完整性、共享性和有序性，以便将安全、高效、便捷的数据提供给终端用户和业务系统；有利于数据信息的集中管理和有序组织，方便用户访问；还有利于职能部门更加规范地完成工作，科学管理学生工作。

学生管理实现信息化后，能够建立更加合理的制度，更加规范和科学地制定管理工作的内容和管理流程，减轻繁重的工作量，简化工作流程，节省人力、物力，减少错误的发生，提升工作效率，延伸学生管理人员的工作空间。例如，浙江工业大学的学生综合管理平台，运用数字化方式对学生基本信息进行存储，该系统功能包括学生心理健康、信息统一认证和学生日常事务等，使学生的学习和生活更加方便，提升了学生管理工作的效率。

（二）信息化发展加强学校师生间的沟通与反馈

校园信息化不仅有利于学校开展学生管理工作，还可以与学生进一步沟通、交流，并及时获取反馈意见。如今，信息技术发展得越来越快，使人们的沟通交流越来越容易和方便，学生对此也非常偏爱。信息化技术与学校管理工作高度融合，为从事学生管理工作的教师提供了与学生交流的机会。

从事学生管理工作的教师，可以借助多种信息化手段完成学生管理工作，学生可以在日常生活中利用新媒体等信息化技术，与教师进行沟通和交流，而且信息化技术不会受到时间和空间的束缚，教师可以随时随地与学生进行一对一的交流，具有高效、快捷和方便的特点。[1]所以，信息化技术在学生管理工作中的应用性很强，例如，管教老师使用微信、QQ或者短信的方式与学生沟通交流，从而使学生管理工作更加便捷、简单和高效。

与传统媒体相比较，微信和微博等新媒体的主动性、移动性更强，还具有互动性和个性化的特点和优势，因而越来越多的人开始使用微信和微博进行沟通和交流。如果将学生思想政治教育工作与这些新媒体相结合，将会突破工作的局限性，加强教师与学生、学生与学生之间的沟通和交流，提升学生思想政治教育的实效性。此外，微信和微博等新媒体具有高速传递、便捷、共享和信息量大等特点，如果利用新媒体分享时政资料，宣传先进事迹、先进思想和先进案例，则可以丰富思想政治教育工作内容，使工作方式更加灵活，保证学生在第一时间看到相关内容，开阔学生的眼界。可以说，新媒体为学生思想政治教育工作的创新提供了一个不可多得的机会。

（三）信息化思维推动学校工作载体的创新

学生管理工作信息化的开展，有利于推进学校工作的高效化和现代化。学

---

[1]宋丽萍:《新媒体环境下高校学生教育管理工作创新研究》,吉林大学出版社,2020,第68页.

生工作信息化管理是学校发展信息化的重要任务，是社会信息化的重要目标，能够反映社会信息化的发展方向。[①]将学生人本主义教育与管理信息化相结合，有利于学校工作高效化和现代化的实现，实现学生管理工作信息化需要做到以下几点。

1.建立学生管理工作网站

功能完备的网站是信息化管理工作顺利开展的基础。网站本质上是虚拟的媒介，设计合理和内容全面的网站有利于学生管理工作的开展，有利于信息的浏览和查询。

网络信息化和数字化将学生管理工作与互联网有机结合，减少了学生管理工作的工作量，提升了学生管理工作的工作效率，有利于学校网络宣传。在建立学生管理系统网站时，要符合以下基本要求：①网站应与学生思想政治教育主题相一致，与学生管理工作紧密相连；②内容应具有思想性和实用性，保证学生信息化管理工作能顺利进行。

学生网络化管理平台有助于学生信息管理工作的开展，学校可以利用学校网站发送通知、发布公告、公布成绩、宣传新的政策，教师和学生能够获得更加便利的服务。由于互联网没有空间和时间限制，教师和学生无论在哪里、无论何时，都能够了解学校发生的事情。学生还可以通过校园网络平台，针对校园事件或者政策方针发表个人意见，向学校反映自己遇到的问题，还可以找到网络平台的咨询教师，教师从专业角度解决学生遇到的问题和困难，使学生的学习和生活更加顺利和丰富多彩。

2.开发学校学生管理系统

与传统学生管理工作相比，学校信息管理系统是利用计算机技术设计的软件，具有很强的检索、记忆和存储功能，有利于学生管理工作的开展。学校信息管理系统有利于学校信息的公开，系统操作简单，教师和学生能够方便地找到想要的信息，节省时间，提高工作效率。经过优化升级，学校信息管理系统可以更加系统化、科学化地为学校教师和学生提供优质服务，主要表现在以下三个方面。

（1）组织管理。学校的学生组织主要包括党支部、团委、青年志愿者协

①王静、马晓南、王美华：《高等教育管理与信息化思维》，吉林科学技术出版社，2018，第13页.

会、学生会和其他社团组织等，这些组织有利于学校对学生的管理。比如，班级干部、各组织的学生干部，都是学生管理工作顺利开展的保证，他们能够起到联系教师和学生的作用，促进教师与学生之间的沟通。因此，为了学生管理工作能够顺利开展，应认真挑选学生干部，将学生干部作用发挥出来，保障学生干部的系统化和科学化，有利于学生管理工作井然有序地开展。同时，定期整理各种活动的资料并及时录入系统，方便以后查阅和借鉴。所保存的各项资料也可以为以后活动的开展和干部培训，提供丰富的经验和案例。

（2）综合测评工作。学校通过测评方式对学生进行考核，是对学生进行全面衡量和综合评价。在实际操作过程中，尽管耗费了很多人力和物力，但是测评结果并不精准，若学生对学校的测评结果不满意，则会造成不必要的误会和矛盾，有的学生还会产生抵触情绪。对此，学校可利用计算机技术，建立公平公正的综合测评机制，不仅可以使学生的权利和义务得到保证，也有利于学校测评工作顺利有序地开展。

（3）档案管理。建立档案是学生管理系统中的日常工作，将学生信息以电子版的形式整理并录入系统，既可以确保学生基本信息的准确性，还方便日后查找，节省时间和精力，提高工作效率。

3.建立学生工作管理网络平台

在学生管理工作网站中建立学生工作管理网络平台，开设适合学生发展的项目，根据学生的需求提供相应服务，整理和汇总各项事务，使学生管理工作与网络系统紧密联系在一起，通过高效和便捷的网络系统，提高学生管理工作的效率，主要表现在以下三个方面。

（1）建设学生就业信息。由于学校的不断扩招，学生就业问题越来越严峻，学校应该在学生信息管理系统上增加毕业生就业板块，为应届学生提供优质的招聘信息，有助于学生找到适合的工作，提高毕业生的就业率。

（2）心理咨询中心系统。近年来，学生群体的心理问题越来越凸显，学校领导以及教师应该对此有足够的重视，在实际工作中有所体现，可在学生管理系统网站上建立心理咨询项目，开展主题为"心理健康教育"的线上讲座。针对学生普遍存在的心理问题进行阐释和解答，帮助学生正确认识心理问题并正确应对心理问题，还可以提供线上一对一的咨询服务，为学生答疑解惑。

（3）学生社区交流系统。学校可借助网络，为学生提供沟通交流的平台，以不同的文化为主题，让学生各抒己见，展开交流。在沟通交流过程中学生能相互了解、建立友谊、增进情感，使学生的课余生活更加丰富多彩。

三、信息化背景下学生管理创新思路

（一）信息化在学生管理中的优势

1.借助信息化发挥社会主义核心价值观的引领作用

社会主义核心价值观展现出当今时代中国人的民族精神和民族意志，是社会主义意识本质的根本体现，是中国人民建设社会主义的思想基础。社会主义价值体系建设的灵魂是马克思主义理论体系，建设主题是建设中国特色的社会主义，建设精髓是爱国主义和改革开放。无论是建设灵魂、建设主题还是建设精髓，都是相对独立的，虽然通过一定的联系结合形成了完整的社会主义价值体系，但每个部分都有侧重点，也和其他部分相互补充，体现出社会主义建设过程中遵循的原则、建设的本质、发展的方向和秉持的精神。

高校培养的是中国特色社会主义的接班人和建设者，社会主义核心价值观也体现出教育以人为本的特点，借助信息化，可以充分发挥社会主义核心价值观的引导作用，实现当代学生的德育教育，促进当代学生的健康成长。

实现对学生的德育教育，首先要明确马克思主义的建设指导地位。学生可以以马克思主义为武器，武装自己的头脑，应用马克思主义解决现实问题；其次，要明确新时代中国特色社会主义发展的共同目标，凝聚所有社会主义接班人的力量，完成中国梦；再次，要以爱国主义和爱国精神号召学生参与改革创新活动，为建设更好的社会主义明天而奋斗；最后，要坚持以社会主义荣辱观进行道德培养，巩固学生的思想基础，从而形成一致的社会荣辱观念。

以社会主义核心价值观作为培养学生的基础，不仅是思想政治教育的内容，也是实现中华民族伟大复兴的重要保障。大数据和新媒体，都是社会主义核心价值观建设可以使用的渠道，通过新媒体的使用，激发学生的学习热情，提高教育成效。

2.运用信息化构建践行社会主义核心价值观的有效载体

自改革开放以来，我国发生了重大变化，经济模式转型，社会信息有了爆炸式增长，人们的观念也受到外界环境影响，经济的快速发展导致人们观念中功利性的成分增加。随着改革开放的深入，外来文化大量涌入，我国文化变得越来越多元；随着大数据研究的日益深入、新媒体的出现，人们自主意识逐渐觉醒，导致以自我为发展中心的个人主义出现。这些因素对于学生的教育并不乐观，对社会主义核心价值观的建设也提出了新的挑战。

学生是新媒体的主要用户，以新媒体为载体，可以传播和宣扬社会主义核心价值观，培育学生的社会主义思想。用学生喜欢、乐于接受的方式进行思想政治教育，将社会主义思想转化为内在的社会主义观念，将学生培养成合格的社会主义接班人。在运行媒体时，需要考虑如何发挥新媒体技术的优点培养学生特色社会主义核心价值观，如何利用学生对新媒体的热爱传播社会主义价值观念信息，如何让学生快速接受新媒体所传递的信息等，这些是新媒体时代社会主义核心价值观传播需要解决的问题。

时代发展必然会对教育产生影响，教育管理也应该紧跟时代发展的步伐。也就是说，在新媒体时代，传统的教育方法已经不适合学生的成长需求，外界环境的影响会导致学生的价值观念、心理健康以及道德素养等都发生变化，他们对教育的需求变得更多，而新媒体的出现为教育提供了开放自由的环境。新媒体作为信息传播的载体，也为教育信息的传递提供了便利。新媒体为教育理念的传播提供了新渠道，以网络为基础开展的教育对话和教育活动交流，对于社会主义核心价值观的传播是有利的，学校还可以通过新媒体了解学生的思想需求、思想变化，引导正确的舆论导向。

新媒体平台的出现促进了学生教育的针对性，提高了教育效果。网络平台为信息交流提供了虚拟环境，在虚拟环境中有利于真实观点的表达，教育管理者也可以通过网络平台了解学生的真实想法，并且针对学生的思想进行有效引导，有针对性地提高教学效果。基于大数据技术形成的新媒体网络，为学生提供了自由的信息交流场所，通过新媒体平台来发布信息、获取信息，信息的形式更加多元化、更具有开放性，新媒体网络搭建了自由表达信息的空间。除此之外，新媒体网络用户之间是平等的关系，不同的主体之间可以进行平等的信息传播，每个人都有发出自己声音的权利。

网络信息的主体由单一向多元进行转变，使网络用户的构成更加丰富，这些用户涉及社会的不同群体、不同阶层，这实现了所有人群之间的信息传播和信息交流。其中，学生作为网络使用的主要群体，更是掌握了一定话语权，能在新媒体平台上发表更多的声音。但新媒体网络的便利性也有一定的负面影响，因为信息传播是平等的，所有人都可以自由地发出声音，导致传播的信息具有复杂性，在这些信息中不免会有负面信息，除此外也会出现问题与争论。

学生的思想还未真正成熟，在信息选择上可能会出现偏差和失误，所以有可能受到错误信息的误导。因此，学校在使用新媒体进行教学管理时，必须注意对学生的思维和想法进行有效引导，教会学生如何分辨网上的信息、如何运用互联网中的信息。在此基础上，学校可以借用互联网的便利开展教育教学。

（二）推进学校学生管理创新的必要性

第一，推进管理创新的必要性，体现在创新可以满足教育的发展需求。随着我国社会快速发展，教育的发展也在逐渐加速。无论是学生生源数量的增多，还是学校教育规模的扩张，无论是国家层面教育的改革深化，还是学校内部对学生生活、成绩和管理的人性化，都需要学校提出新的管理方式和工作模式，需要学校进行创新，以应对外界的不断变化。每一次创新都是学校改革的挑战，每一次创新都是对教育需求的满足。

第二，推进管理创新的必要性，体现在创新可以满足学生管理工作的需求变化。学生管理工作是与学生生活、工作、学习和情感等相关的管理工作，当今学生生活的社会环境是不断变化的，无论是人们的生活方式、思想观念还是经济、文化，都变得异常丰富和多元。在这样的时代背景下，学生的思想和日常生活、学习都受到影响，学生的思想变得更加开放，自我意识逐渐苏醒、法律意识得到强化、责任感得到提升，也更愿意表达自我，更加关注自我需求。学校对此必须尊重学生的自我意识，必须顺应时代发展的潮流，在对学生管理进行不断创新的同时，创新管理理念、手段和模式，只有通过创新才能实现科学有效地管理。对学生管理进行的创新不仅可以满足学生对教育的需求，也可以满足教育自身的发展需求。

第三，推进学生管理创新是培养创新人才的需要。随着科学技术的不断发展和进步，要满足社会对人才的需求，就必须加大对学生的培养力度，培养综合素质足够高的专业化人才。要实现人才培养目标，就必须加大教育创新和制度改革，不仅要创新教育管理观念，还要创新人才培养模式。

（三）学生管理工作的思路拓展——以大学生为例

在信息化背景下，学生发展过程中出现的问题是不确定的，给学生管理带来了新的挑战，培养出合格的社会人才已经成为教育管理者需要研究和解决的问题。本文认为学生管理工作的思路拓展，可以从以下几个方面着手。

1.注重学生的情感教育

所谓情感教育，指在日常管理过程中，要充分发挥情感因素的积极作用，做到"情"与"理"有机融合、相辅相成。尤其需要注意以下几方面。

首先，以人为本。学生是学校管理的对象，是具有独立意识和人格的人。

其次，以情为基。情感教育的目的在于教育，注意要以寓情于教的方法导入。

再次，因势利导。开展情感教育的前提是尊重学生的个体化和独立性，因材施教。

最后，以情激情。重视情感的推动作用，适时表扬学生，向学生传播正能量，培养学生积极向上的道德品格。

2.树立正确的人本观念

（1）师生之间应树立平等意识。要促进师生之间的良好交流和沟通，必须采取有效措施，改善师生关系。师生关系应是平等的，它是基于人格平等建立的合作交流关系。在师生关系的建立中，必须凸显学生的核心主体地位，教师要起到良好的引导作用。在具体的教学管理活动开展中，教师要让学生学会自我管理，不应进行过多干预。

（2）建立人性化的规章制度。科学完善的规章制度是学校管理的重要保障。一般来讲，规章制度呈现出重惩罚、轻奖励的失衡状态，而在学校管理制度建设中，需要建立符合学生心理特征、年龄特征和班级特征的人性化制度。

（3）尊重学生的个体差异性。素质教育的最终目的是实现学生的个性发展，要在教育之初认识到学生的学习基础、理解能力等方面的差异性。要从根本上提高教学效率、保证教育成功，必须尊重学生，采取个性化和专门化的教育方法，针对不同的学生，采取不同的教学方法，通过加强个性化教育，为学生创设良好的学习环境和学习氛围，从根本上提升学生的思维创新能力。[①]

（4）教师必须认识到，学生是发展中的学生。学生之所以称为学生，是因为他们需要被教育，尤其是在当今社会环境下，学生的思想变得更加多元，无论从成长的横向还是纵向来看，他们的发展都具有很大的变化。学生的成长除了受家庭因素影响之外，主要受到外界环境和后天教育的影响。通过家庭因素、外在环境和后天教育的共同影响，学生逐步从青涩走向成熟。然而，走向

[①]冉启兰：《教育管理理念与思维创新》，吉林出版集团股份有限公司，2020，第97页.

成熟的过程时而缓慢时而快速，教师必须树立"学生是变化的学生"的意识，不应用成人的思想标准要求学生，要对他们实行动态化管理，针对不同的发展阶段进行相应地引导。

（5）培养学生的责任感。对于学生责任感的培养，主要指他们应该具有道德感。首先，教育他们展现自己的个性；其次，培养他们对自我负责、对社会负责的意识。

3.树立以学生为本的管理理念与高校教育管理观

树立以学生为本的管理思想，从学生角度出发进行高校教育管理，是实现学生管理创新的基础条件。管理学指出，人是管理最重要的因素，也是一种管理资源。以学生为本的教育管理理念，是将学生看作管理的重点，围绕学生的需求展开管理工作，关心学生的日常生活，尊重学生的个人意愿，鼓励学生发展个性，满足学生个人的发展需求，激发学生的自我管理。

以学生为本的教育思想，需要深入了解学生的需求，只有在了解学生的基础上，才能展开针对性的管理。与此同时，学生管理工作需要学校全体人员参与，形成管理合力，提高学校各个部门对学生管理的参与程度，引导他们积极参与学生管理的过程中，建立整体性的管理体系，以学校主要工作部门为管理主体，以部门内的相关人员，包括教学人员、职工以及学生干部等，共同进行学生管理，为学生的生活、情感、学习提供服务。

4.运用现代科学技术推进学生管理手段创新

随着互联网的飞速发展，我国许多行业都发生了巨大改变，教育也不例外。互联网技术、大数据技术逐渐走进高校校园，并且促进各项工程建设。学生是我国当代社会网民的主要群体，校园网的建立为学生提供了用网渠道，高校也成为互联网用户的密集区域。学生在日常生活中主要依靠互联网获取生活所需要的各种信息，互联网对他们的日常生活、日常学习、价值观念、思维模式等都产生了非常深刻地影响，这对大学教育管理也提出了新的挑战。为此，高校管理者需要掌握互联网技术，利用网络实行创新，开拓管理途径、丰富管理手段，将管理升级为信息化管理，只有这样，高校管理工作才能真正发挥作用。利用网络进行学生管理，具体方式如下。

首先，建立学生的信息数据库。学生信息是开展教育管理的基础，掌握学生各方面的信息，有助于展开针对性的管理。

其次，建立学生的数字化管理平台。针对学生的教育管理应该建立专门网站，形成管理组织群，比如微信群、QQ群等，通过网络进行有效管理。网络管理平台需要符合学生对教育的需求，管理应该生活化，服务于学生的生活，与学生进行自由、平等的沟通，努力了解学生的思想，突破传统的单向沟通模式。数字管理平台有利于提高学生对管理的兴趣，使学生积极主动地参与管理。

5.推进学生管理运行机制创新

管理学中的中坚力量是学生工作管理队伍，他们是学生管理的主要管理者、执行者。学生管理队伍的行政组织形式是管理机构，管理机构主要负责组织内部的活动管理，也负责调度机构内各个队伍的力量，综合管理资源，实现科学、有效地管理。为了提高管理水平，应该推进学生管理运行机制的创新。

当前，我国学生管理机构主要由学校的党委副书记带头，由学生工作负责人和学院党委副书记、辅导员和班主任组成，辅导员和班主任是直接接触学生的管理者，他们的能力水平直接决定了学生管理工作的效率高低。为了提高学生工作管理的整体水平，应该对辅导员和班主任进行专业化培养，提高他们对工作的专业化水平。除此之外，要对辅导员和班主任进行一定的奖励，工作效果好的辅导员可以进行职称评定、出国深造等。学院作为学生管理工作的基础组织机构，直接面向全院的学生，所以必须形成良好的机构运行准则，保障机构有序运行。

学院对学生管理工作的具体过程，应进行人员和管理层次分配，建立学院、年级、班级和宿舍四个管理层次。学院主要由学院团委、学院学生会和学院心理辅导园地构成，年级主要由年级团总支、年级学生会和年级党支部等构成，班级由班级团委和班级班委构成，宿舍主要有由寝室长进行管理。在人员配置上，学院党委副书记主要负责统筹机构的全部工作；辅导员负责年级层次管理，不同的辅导员分别负责团委、学生会以及心理辅导园地工作；班主任主要负责班级的具体事务管理工作；学生干部负责学生的组织管理工作以及自我管理工作。在不同层次、不同人员的管理下，实现目标清晰、职责明确的管理模式，整合学院所有干部力量、学生力量，实现学生和管理者之间的有效沟通，形成管理合力，实现科学、有效、精细化地管理。

6.建立立体互动的学生管理体系

高校学生管理工作的主要途径是制定规章制度和行为规范，约束学生的行为，引导学生思想的正确发展，帮助学生成长为合格的社会主义接班人。学生发展的过程受到很多因素影响，学校管理工作必然需要多元的管理主体。在多元管理主体中，学校是主要的管理者，社区是学生管理工作的支持者，家庭是学校开展学生管理的合作伙伴。

（1）学校是学生接受教育的重要场所。学校的规章制度和相关管理方法，需要建立在充分尊重和了解学生的思想特征和实际情况基础上，明确科学、合理的人才培养目标，还要在结合学生身心发展规律的基础上，实现刚性管理和柔性管理的有效结合，凸显出思想教育的激励价值，营造出良好的教育管理氛围。

（2）社区是学生管理的重要支持者，它已经成为学生管理机构中不可或缺的组成部分。社区是学生开展日常生活和娱乐交往的主要区域，也是学生课外学习的主要区域。学校内的社区必须加强有效管理，有助于约束学生的行为，引导学生的思想观念。一般情况下，对社区管理是建立公寓管理中心，管理的主要目的是避免形成管理盲区，对学生实行全方位的管理和帮助。公寓管理中心的建立也是为了营造良好的社区氛围，为学生的生活和课外学习营造良好的空间。除此之外，公寓管理机构还必须和学校其他管理机构有效沟通、积极交流，将学生管理过程中出现的问题进行及时反馈，通过管理部门共同研究解决学生的发展问题，进而提高学校的整体管理水平。

（3）家庭是高校学生管理体系中不可分割的一部分。要加强高校学生的信息化管理，还需要学生家长的配合，只有在综合考量高校教师和学生家长交流信息基础上建立起来的学生家长联系制度，才能真正发挥应有作用。比如，多数家长在与高校互动方式上，不仅会通过电话联系，还会利用高校官网留言或者邮件反馈信息。这些关于教育经验交流的方式，从根本上促进了高校学生管理工作的有效落实，扩大了学生管理方法的应用范围，从根本上优化了学生管理效果。

高校学生管理创新工作难度较大，针对高校学生管理人员，必须在结合信息化思维特点的基础上，不断创新和完善学生管理方法，及时了解学生管理变化的情况，从根本上推进学生管理的创新。

四、信息化背景下学生管理创新方法——以高校为例

（一）创新高校学生管理思想理念

1.领导者与时俱进，以人为本的理念

随着时代发展，学校的信息化建设迫在眉睫，高校在进行信息化建设时，

需要认真分析信息化的发展趋势，学校领导应该保持清醒的认知，充分了解信息化发展需要消耗的学校资源，关系到哪些学校职能部门以及需要调动哪些人员等。领导者应该对此进行科学规划，找准时代发展方向，有整体观念、大局意识，能够严格落实各项规划，严格跟进信息化的部署工作。

高校信息化建设需要学校领导主动学习相关理论和相关观念，通过自身积极主动地学习，带动学校信息化建设。与此同时，学校领导还应该有整体性思维，有全局意识，能够进行统筹规划，在对学校进行充分调研和考察的基础上，制定出适合学校发展的信息化方案。通过不断发展，很多学校都认识到应该成立专门的信息化校级管理机构，对信息化发展进行集中管理和规划，有助于明确学校的信息化培训目标，掌握信息化的发展策略，有的学校还专门成立了负责信息化建设的领导者，全面推进校园信息化。同时，领导干部需要具备以人为本的建设理念，认清学校信息化服务本质，注重信息化建设过程的管理，采用建设阶段目标和建设奖励的方法，带动学校教职工参与信息化建设。在信息化的建设过程中运用系统动力学理论，也就是在信息化的建设过程中运用项目的管理思维，将信息化建设当作一个庞大的项目，从管理学的视角进行建设资源分配，寻求各方面平衡。项目管理的方式有利于达到信息化建设管理的最好效果、达到信息化工作的最高效率，有效指导学校的信息化工作建设。

2.管理人员自觉利用信息化办公平台的理念

高校信息化建设面向的是全校师生，信息化建设不仅为学生提供平台支持，教师也应该积极地使用信息化平台。教师通过网上办公的形式，使用学校信息化平台，并且在使用过程中不断完善信息化平台建设。

我国高校建设是按照专业进行划分的，很多教师并非计算机专业或者计算机相关专业从事者，所以高校教师信息化水平参差不齐。很多非专业的教师使用信息化平台时心有余而力不足，进而导致学校教师对信息化平台的使用率和利用率较低，在他们的日常办公过程中仍然习惯使用传统的教学方式。

高校在开展信息化平台建设的同时，应该对学校教职工进行信息化培训。通过培训，教职工可以掌握信息化平台的使用方法，进而提高信息化平台的利用率。除此之外，信息化平台管理员还应该不断加强信息化理论学习，紧跟信息化发展的步伐。

3.学生自觉积极使用信息化系统的理念

高校信息化建设为学生的学习和生活带来极大便利，既提高了学习效率，又增强了学习的主动性。通过信息化技术手段，学校生活也将更加便利。例如，校园一卡通既包含宿舍门禁卡，也包含饭卡和图书借阅卡，还可以作为学生证明，避免了学生携带过多的证件，方便了学生的日常生活。

学校信息化建设要求学生具备一定的信息化素养，学生对于新鲜事物的接受能力较强，对于信息化平台和产品的使用比较容易掌握。但应该注意到，学生的思想还未完全成熟，在进行信息化素养的培养过程中，应该注意给予正确的思想引导，对于互联网的不良影响应该及时规避，确保信息化的建设是为学生的学习和生活提供便利，而不是成为学生沉迷网络的工具。

4.技术人员树立利用信息化技术合作的意识

高校信息化技术需要技术人员维护。一般情况下，学校信息技术人员拥有理论技术，缺少掌握信息化的实际需求，所以应该对信息化技术人员进行服务意识培训。信息化管理人员应该了解学校和师生对信息的需求，展开实际调研，通过调研了解并掌握需求变化。除此之外，技术人员应该清楚地了解并掌握信息产品，根据实际需求不断改进产品服务，进行产品创新设计和技术建设，切实推进高校的信息化技术应用。信息化建设更重要的是日常管理和维护，应该秉承正确的信息化建设理念，开展信息技术应用。

（二）创新高校学生管理组织结构

信息化发展应该创新学生的管理组织结构，组织结构的创新可以为学校发展提供动力。学校的信息化建设不仅是计算机或者多媒体设备软件的增加，还需要学校管理结构的创新，只有管理环节跟上信息化的建设速度，才能实现信息化的良好应用。为此，应该根据学校的实际发展需要进行资源重组，进行科学、合理、有效地设计，包括流程设计、目标设定等等，通过合理的设计保障资源快速、及时传输，为学校日常工作需求提供稳定的保障。

1.完善学生管理信息化组织结构

信息化的组织结构建设应该成立专门的领导小组，或者是工作委员会，任命学校领导直接管辖领导小组，负责信息化建设相关的目标设定和流程规定，并且进行总体管理调度，协调各个部门的职责，管理工作人员，保障信息化工作能够整体有效地开展。除此之外，信息化技术的领导者还应该负责信息的筛选和挖掘。信息筛选有利于实现数据的高效利用，信息化组织结构对于高校的信息化建设有着重要作用；有利于完善学生管理信息化组织结构，提高学校整体的管理水平，促进资源的高效利用。

信息化组织结构的建设还需要不断完善，形成一定体制。信息化领导小组是高校信息化建设的主管部门，管理各个项目的推进和应用，也包括管理人员的调动。对于各学院、各专业的师生来说，信息化领导小组是校园信息化建设的主要管理部门和服务部门，是服务的提供者，领导小组也是学校信息化平台的使用者。信息化服务平台是整个校园信息运作的保障，必须建立、健全相关体制，保证信息化组织的有效运行。

2.优化高校学生管理体制

（1）高校学生工作组织结构的主要类型

①直线型层级结构。高校学生工作组织结构，一般是直线型的层级结构。直线型结构主要是以学校和学院两个层次为主体，其优点是决策可以快速传达，操作灵活，有利于学校对下层院系的控制，有利于资源的高度整合。但是直线型结构也有其不足，主要体现在管理职能有交叉，甚至重叠，而且横向结构之间很难进行有效沟通。当开展整体学校工作时，会涉及不同部门，如保卫处、团委、党委、后勤、各个学院等，这些机构都属于横向层次，彼此之间没有管理权，也没有决策权，在具体工作中如果不能进行有效沟通，会出现工作无人负责的局面，领导负责人相互推诿，使工作很难开展。

直线型的结构组织涉及管理层次众多，导致学院或者专业的最高领导者很难完全掌控学生的所有工作。相比于学校教学和学术研究，学生管理工作并没有得到关注和重视。除此之外，学生工作的相关信息需要经过学校党委、行政部门、学校团委传达到学院团委、学院辅导员，再传递到班长和团支书。经过多层次传达，会导致信息传递不通畅或者信息传递受阻，甚至是信息失实。有的学校管理会出现人事不统一的现象，具体体现为学院辅导员等人的工作考核和评价管理权限属于学校党委，但是辅导员等用人权限属于学院管理。管理人事权限的分离不利于具体工作的开展。

②横向职能型结构。横向职能型管理结构最初起源于西方学校管理，我国学校很少使用这种管理模式。这种管理模式的特点是管理层直接面向学生开展工作，工作直接由学校分配，学校直接面对学生，相比于直线型的管理结构，横向职能型结构的分工更加明确，避免了信息传达的失误，各个部门之间沟通更加便利，有利于学校指挥各项活动。横向职能管理结构范围跨度大，容易协调，可以多头并进开展具体工作，是其最大的优点。

（2）网上业务协同矩阵管理结构

网上业务协同矩阵管理机构越来越受到师生的欢迎，因此被应用到学校组织管理中。当前，数字化建设在我国高校内普遍应用，师生的信息化素养也得到提高。信息素养提高后，师生不满足于本部门内部的信息和业务服务，需要寻求更多的跨越部门、跨越职能的信息交流和信息服务，而跨越不同职能的信息业务处理和信息服务便可通过网络实现。比如，学校毕业生在离校时需要办理手续，传统办理离校手续需要教务处的盖章、学生处的盖章、图书馆的盖章以及后勤部门的盖章等，学生办理离校手续往往需要跑多个部门。但是，通过信息化业务协同服务，学生可以在网上进行离校手续的办理，信息化协同管理结构有效节省了学生办理离校手续的时间，通过网络将各个部门的职能联系在一起，可以简单、快捷地办理离校手续。除此之外，学校进行奖学金或者各种职称评定时，往往需要学生理论知识的成绩和德育的成绩，在网上通过教务处和学生处的业务协同管理，可以很方便地解决评奖评优所需要的各方面资料。此外，网上业务协同最明显的应用是校园一卡通，校园一卡通集合了学校门禁、学校图书馆借书以及学生食堂消费等功能，涉及学生处、教务处、学校保卫处以及学校图书馆等部门，一卡通的综合应用体现了网上业务协同管理结构建设和应用的成熟。

高校信息化进程的推进，为矩阵管理结构的应用提供了强有力地支持。由于目前信息化建设还处于起步阶段，如果要完全实现矩阵管理结构，还需要经过一段时间的发展。目前做得比较好的是，学校基本实现了简单的信息化综合管理，设立了信息化相关的新职能、新岗位，为信息化的综合协调提供保障。比如，成立信息化服务中心，校园一卡通管理和服务中心等。信息化的系统和体制建设能有效协调各个部门，实现学校信息化综合管理。

（三）创新高校学生管理业务流程

对企业来说，管理业务流程创新和再造，是对企业的业务流程进行根本性革新。重新进行思考和设计，能提高企业的服务和质量，降低企业的运营成本。对高校来说，管理业务流程的创新和再造，是从根本上改变学生管理方面的业务流程，重新设计和思考，从而提高学校的管理水平与办学效率。

高校存在的主要目的是为国家培养人才。对于学校发展来讲，学生事务管理是学校最为紧要的管理任务，高校学生业务主要包括学生的学籍录入、管理学生的就业创业、心理辅导等等，这些业务的完成需要学校多个部门的参与。比如，新生报到时，会涉及学校的具体院系、学校财务处、学生管理处、学校后勤、保卫处等部门，也就是说，学生业务管理需要学校各部门共同参与，如果能够进行有效联合办公，将会极大地简化学生业务处理程序。

学校对学生业务处理的水平代表学校整体的办学效率，随着信息化在高校的应用，学生对于业务办理的需求也变得越来越多样、越来越复杂。传统的业务流程已经无法满足学生业务的新需求，对此需要对学校业务流程进行创新和再造，进行根本性地思考和设计，为学生需求提供针对性服务。

随着管理信息化，学校各个职能部门之间应该主动配合信息化的应用，积极进行学生管理流程创新，可以说，管理的信息化体现为管理的流程化。除此之外，高校学生管理业务流程的创新需要充分了解传统业务流程的不足，结合学生对业务办理的新需求进行流程创新和再造。在这个过程中，应该遵循以人为本的原则，尊重学生的合理需求，进行流程简化和整合，实现高效率地办学。

1.改进传统学生管理流程

（1）在信息平台下实现组织结构扁平化

学生的管理流程应该借助信息化手段，实现结构扁平化。通过基本调查和了解，以学生的基本需求为出发点，改善业务管理流程，不断缩小直线管理层级，将组织结构变得扁平化。扁平化的组织结构有利于学校领导更好地了解师生的真实需求，缩短学校和师生之间的距离。此外，学校还应该实现组织结构的流程化。流程化的组织结构有利于实现学校管理任务和管理目标。流程化的组织结构以核心任务为中心，分配工作人员，通过不同职能部门的配合，完成管理任务和管理目标，这种方式增加了学校不同部门之间的交流和联系，促进了教学信息的流动，充分发挥了学校各个部门的职能优势，使资源利用达到最大化。例如，按照传统的管理模式，最高层级的领导如果要了解学生的基本情况，需要多个部门传达信息、汇报信息，而信息化管理流程使得校领导可以不受部门限制，通过信息化平台了解学生的基本信息，有利于缩短工作时间，快速获得真实可靠的信息。

（2）基于现代信息技术网络化构建协同管理平台

学生工作涉及各方各面，是一项复杂的管理业务。信息技术的出现为学校管理的优化提供了更多选择性，以信息技术为基础建立的技术网络化系统管理平台，可以有效整合学校信息资源，实现综合管理，为学生提供更加便利的服务，打破不同部门之间原有的壁垒，真正实现学校信息共享。

信息化技术在我国高校得到普遍应用，实现了我国高校的数字化和智能化，通过信息技术为学生提供公共智能化管理。通过数字方式进行学生业务管理和信息流动，对于学校决策、部署和规划工作是极具推动力的。

（3）集成相关业务，简化业务流程

业务流程的革新和再造，应该组合散落的业务，优化业务流程，创建高效顺畅的协同管理平台；应该删除传统业务流程中不需要的、多余的、冗杂的步骤，进行程序精简，以实现管理的轻便化和自动化；应该避免获取重复的信息，通过一次性的信息获取，实现更高效率的信息集成；应该降低办事流程中和各个部门人员的接触频率，简化办事步骤，实现各个部门之间的业务集成；应该避免活动分散，将类似的业务进行整合，实现任务集成。通过信息部门将任务集中，实现学校业务流程的综合化，将一项任务所需要的各个信息、各个步骤、各个部门整合在一起。

业务流程的整合体现在将学生的信息进行有效归类，以便更好地利用；在管理过程中公开办事环节和办事流程，减少任务和信息传递；通过信息化手段进行信息统计和录入工作，减少人工统计的工作时间。工作人员的主要工作方向是对信息进行整合、加工处理以及深入研究，有效提高办公效率和办公速度。例如，在审核学生奖学金、进行奖学金发放时，通过信息化管理系统，只需要上传奖学金的评定条件，由系统进行相应金额计算，不仅省去了传统审核烦琐的过程，也节省了时间。

2.设计学生管理信息化流程

学生管理信息化流程涉及很多因素和不同的部门，各个部门之间是相互影响、相互制约的关系，通过确立明确的管理目标，可以安排不同环节之间的先后顺序，确定各个部门之间的转承关系。学生管理信息化流程的改革，应该思考传统的管理方法、手段和理念出现的问题，并且针对问题进行根本性改革，不是简单地照搬其他高校的管理方法、手段和理念，而是要结合学校学生的需求设计管理流程，为学生提供更有效的信息化服务。

（四）创新高校学生管理手段

1.革新高校学生管理方式

信息技术在高校的应用和发展基于高校管理方式的同步更新，要建设学生信息管理制度，首先应形成新的管理方式。学校应该成立信息化管理领导小组，设立管理目标，明确管理方法，进行项目管理。项目管理指在管理过程中以系统的方法、理论以及观点，对项目进行科学有效地管理，以便更好地实现任务目标。项目管理过程中项目的提出，需要根据学校管理需要和具体的需求进行流程策划、思路规划以及方法选择。开展不同的项目，需要不同的软件，学校应该结合自身发展需求和学生需求进行软件选择，合适的软件有助于信息化项目的整体推进，也有助于提高管理效率。

对信息化管理方式的应用，应该要求管理人员转变管理思路，从传统的封闭局限性管理向整体的开放式网络管理转化，由人工单向管理向网络批量科学管理转变。同时，在管理过程中还应该积极使用现代信息化技术，创新管理方式，拓宽管理途径。

2.增强高校学生管理人员素质

加强对管理工作人员素质的培养，有助于管理机制发挥更大效用。高校管理队伍应该由多层次的人员组成，人员不仅应该具备管理理论知识和理论能力，而且应该具备当今时代的教育责任感和使命感，还应该具备实际的管理工作经验，熟练使用网络技术，熟练管理系统，具备创新能力，根据学生需求进行工作方式的创新和改革等。

管理人员的培养需要相关的管理体制加以保障，体制的存在有助于明确各项职责，梳理各项关系，有利于学校学生管理部门的有效管理，带动管理人员对工作的主观能动性。除此之外，机制建设还应该包括培训机制。培训机制可以增强管理人员的素质，还可以实现管理人员的内部培训，通过老带新或者其他方式，促进管理人员之间的内部交流。同时，应该加强技能理论培训，通过聘请有计算机和信息技术基础的人才，对管理人员进行信息化产品培训，使管理人员具备计算机使用能力并掌握计算机使用知识，有助于管理人员的能力深化和能力提升，也能够促进学校管理组织机构更好、更快地发展。

3.提升高校学生管理的精细化程度

高校学生管理应该精细化，做好细节工作，追求精益求精的效果；建立严格标准，严格执行工作要求；工作态度认真，注意工作细致。在应用信息化技术的同时进行精细化管理，注重学生个性化发展，不仅要实现整体高水平地发展，还要注重培养学生的个性兴趣，促进学生全面发展。信息化的管理体制为学生工作的精细化提供了基本保障，可以利用信息化手段制定学生个性化发展。由此可见，信息化管理体制有助于提升高校学生管理的精细化程度。

提高高校学生管理的精细化程度，也代表高校学生管理的态度，是高校学生管理的奋斗目标，如同实现国家管理精细化，学生管理精细化也是学生管理体制的发展目标，通过信息化手段，可以有效提高工作的精细化程度。因此，精细化主要体现在管理方面、教育方面和学生服务方面。

4.完善高校学生信息化保护体系

高校学生管理应该完善信息化保护体系。信息保护有不同的等级，等级高低取决于信息对于国家安全、对经济建设和社会生产生活的影响，或者是由信息本身的重要程度所决定。如果信息遭到泄露或者破坏之后对国家的安全、对社会的稳定或者是对国家公共利益产生较大程度的危害，那么信息保护等级也是较高的。对信息进行相关保护，也是高校建设信息化平台的重要工作。学生信息具有隐私性，学校在建立信息化平台时必须注重保护学生的个人隐私，应该为信息化平台安装防火墙，配备安全检查人员，及时进行信息化平台的维护。

信息化系统的使用应该有等级区分，不同等级的管理人员能够进入的系统层次也是不同的，对于不同的人员分配不同的系统账号。同时，应该设置清晰的职能权限，如非必要，职能权限不应该出现交叉和重叠，管理人员应具备相应的安全意识，保护好账号和密码，以免信息泄露。

对于信息保护还应该设置惩罚制度，如果因管理人员的个人疏忽或者是外来人员的入侵导致信息泄露，应该对管理人员或者入侵人员进行相关惩处；如果存在学生盗用账号的情况，也应该惩罚相关学生。通过惩罚制度，可以反向引起管理人员和学生对信息保护的重视，增加信息的安全性。

第八章
信息化时代教师的信息素养研究

信息时代对教育提出了新的要求，教育已不仅仅是为学生建立扎实的知识基础，而是要全面提升学生的素质，其中一个重要的内容就是培养学生对信息的归纳、概括以及分析判断的能力。这就需要教师不断完善自身的信息素养和技术能力结构，只有这样，才能够适应教育信息化的发展。本章内容主要对当代教师的信息技术素养进行具体研究。

第一节　教师应具备的信息素养

一、教师信息素养的内涵

（一）信息素养

1974年，美国信息产业协会主席保罗·泽考斯基（Paul Zurkowski）提出了"信息素养"一词，他认为，信息素养是指利用大量的信息工具和主要的信息源解答问题时使用的技术和技能。后来他又将其解释为"人们在解答问题时利用信息的技术和技能"。随着信息科技的飞速发展，人们对"信息素养"有了新的认识。

1989年，美国图书馆协会在报告中指出，信息素养是个体能够认识到需要信息的时机，能够对信息进行检索、评估和有效利用的综合能力。1992年，多莱（Doyle）在《信息素养全美论坛的终结报告》中明确了具有信息素养的人所应具有的特征，包括认识到信息是做出合理决策的基础，确定对信息的需求，形成基于信息需求的问题，确定潜在的信息源，制订成功的检索方案，从计算机和其他信息源获取信息、评价信息、组织信息于实际的应用，将新信息与原有的体系进行融合以及在批判性思考和问题的解决过程中使用信息等内容。1998年，美国图书馆协会和美国教育传播与技术协会从学生学习的角度出发，立足于信息素养、独立学习和社会责任三方面，制定了九大信息素养标准，使信息素养的内涵更加丰富。

可见，人们对信息素养的认识处于不断地发展变化之中，这是一个从掌握信息技术和技能、具有信息意识，到具有信息评价、鉴定、选择的能力和信息道德责任的过程。

我国学者桑新民认为，可以从三个层次确立信息素养的内在结构与目标体系。第一层次为驾驭信息的能力；第二层次为运用信息技术进行高效学习与交流的能力；第三层次为信息时代公民的人格教养。桑新民认为，只要具有了这三个层次的能力，每个人就可以进行自主学习，因此，具有信息素养是自主学习的基本条件。

目前，虽然人们尚未对信息素养的认识达成一致，但经过分析和综合，对信息素养形成了一些共同的看法。例如，获取、利用、评价、生成信息是信息素养的主要特征，内化和整合到个体能力系统是其主要的目标。

（二）教师信息素养

教师信息素养是指"教师在传递信息的实践基础上，根据社会信息环境和发展要求，自觉接受教育和进行修养而逐步形成的对待信息活动的态度，以及利用信息去解决问题的能力"[①]。

二、教师应具备的信息素养的内容

具体而言，教师应具备的信息素养主要包括信息意识、信息知识、信息能力、信息道德、信息创新等。

（一）信息意识

信息意识是指人在信息活动过程中表现出的敏感度、判断力和洞察力，以

[①] 张豪锋：《教育信息化与教师专业发展》，科学出版社，2008，第74页.

及形成的认识和观念。总的来说，信息意识具体体现在以下三点。

第一，能够充分认识到信息在社会发展中发挥的重要作用，并树立终身学习、积极创新的观念。

第二，具有强烈的获取信息的欲求，只有具备获取信息的欲求，才会产生获取信息的行为，进而适应社会的发展。

第三，对信息具有较强的敏感性，能够准确筛选出有价值的信息，发现信息的深层含义，并善于将信息运用到自己的现实生活中，善于从信息中找出解决问题的方法。

信息意识的树立和培养是教师提升信息素养的重要前提。可以说，信息意识的树立与培养，是教师在教育教学过程中自觉运用信息技术的重要前提。同时，教师也只有不断增强自身的信息意识，才能够做到主动积累信息知识，提高自身的信息能力，进而促进信息素养的提升。教师作为教育信息的收集、整理和传播者应具有敏锐的信息意识，特别是要具有对有关教学教育信息的敏感性。

（二）信息知识

信息知识是指与信息的产生、传播和运用相关的内容。作为信息素养的重要组成部分，信息知识主要包括以下六个方面。

1.基本信息知识

进入信息时代后，虽然人们获取知识的方式发生了很大的变化，但知识的积累仍是人们提升自身文化修养的重要基础。信息知识是对传统文化知识的延伸与拓展。在信息时代，教师想要提升自身的信息处理能力，就必须具有快速的阅读能力，有效地获取有价值的信息，了解信息技术的基本常识与历史，掌握基本的信息知识。

2.多媒体知识

信息时代，教学在实施过程中可以运用到多种媒体，这就要求教师了解软件的作用与特征，掌握各种软件的使用方法。为提高信息教学的质量，教师应依据不同的学科、教育对象、教学目标、教学内容等来选择适合的媒体。

3.网络知识

随着信息技术的飞速发展以及互联网的广泛应用，网络技术在教学中发挥着越来越重要的作用。在信息化时代，远距离教育和学生自主学习是两种重要的人才培养方式。各种教育机构、科研机构和公共文化设施通过计算机网络密切联系在一起，为学生营造了良好的学习环境。因此，在信息化教学中，教师必须掌握网络基本知识，具备网络的操作能力。

4.课程整合知识

为实现信息技术与学科课程的整合，教师要能够熟练地将信息技术与不同媒体重新整合，要能够实现信息技术与学科教学的有机融合。

5.外语知识

信息化社会是开放性的、全球性的，互联网是人们主要的信息交流平台。互联网上的部分信息使用的语言是英语，教师只有掌握一定的外语知识，才能够实现信息的交流，适应当代教育信息化发展的要求。

6.终身学习

终身学习与信息素养的培养具有密切的联系。所谓终身学习，是指社会每个成员为适应社会发展和实现个体发展的需要，贯穿于人的一生的，持续的学习过程。人们通过终身学习，能够获得发展所需的知识、价值和技能，并在任何任务、情况和环境中合理应用它们。

随着教育信息化的快速发展，教师的信息知识也要不断进行更新。教师要充分了解信息的特点和含义；了解书籍、报刊、录像、电视等信息源的种类并能熟练使用；掌握录像机、幻灯机、投影仪等信息展示新技术的使用方法；掌握高效获取信息的图书分类知识、信息检索方法等。

（三）信息能力

信息能力，即对信息的加工处理能力及创新能力，具体可分为基本信息能力和教育信息能力。

1.基本信息能力

基本信息能力主要可以分为以下四个方面。

（1）信息系统的应用能力。信息系统的应用能力既包括对信息硬件系统的操作能力，又包括对软件系统的使用能力。例如，教师能够对多媒体计算机进行熟练的操作，能够熟练使用通信、查询、浏览等工具。

（2）信息搜索获取能力。信息搜索获取能力，顾名思义，即教师对信息的搜集能力，其在很大程度上取决于教师对信息源的了解程度，以及对信息工具运用的熟练程度。

（3）信息的加工能力。信息的加工能力是指教师在获取信息之后，对信息进行鉴别、分析、综合，最终内化为自己的思想的能力。从实质上讲，信息加工在原有信息的基础上对信息的重新再造，包括对信息的分类、理解、综合和评价。所谓分类，是指按照一定标准对信息进行筛选和分门别类的处理。所谓理解，是指准确把握不同信息的内涵和特点，了解信息的内在价值和意义。所谓综合，是指在对信息进行分类和理解的基础上，将有用的信息进行重新组合。所谓评价，是指从信息的时效性、科学性出发，对其进行科学的价值判断。

（4）信息的应用能力。获取信息和加工信息是信息应用能力的基础，在此基础上，实现对信息的优化、表达和再生。

2.教育信息能力

教师的教育信息能力主要包括以下四个方面。

（1）进行信息化教学的能力。随着时代的进步，科学技术的迅猛发展，信息化教学受到了越来越多的重视。信息化教学将计算机多媒体技术、网络技术、人工智能等现代信息技术作为技术支持，以先进的教育教学理论作为指导，对教学进行了全方位的变革。

（2）信息技术与学科教学整合的能力。在信息化时代背景下，对信息技术与学科教学的整合是基础教育课程改革的一项重要内容，对于信息技术课程目标的实现具有重要的意义。

需要强调的是，在信息技术与学科教学的整合过程中，应将信息技术作为一种认知工具，积极引导学生获取信息、探索问题、解决问题和建构知识，实现学科教学与信息技术的融合。

（3）教育知识管理能力。教育知识管理能力是指在面对庞杂的网络信息资源时，能够及时获取有效的信息，并对其进行加工、处理，将各种教学资源转化为具有网状联系的规范知识集合，并对这些知识进行有效的管理和利用。

教育知识管理能力要求教师遵循知识管理的基本原则，即积累、共享和交流的原则。积累是进行管理的基础，是对知识资源数量和质量的要求；共享要求学习组织内各成员之间的知识具有开放性；交流要求组织内成员之间要进行积极的沟通。

（4）信息教育的能力。在信息教育中，教师一方面要通过自身努力学习，不断提升自身的能力；另一方面要积极引导学生接受信息技术教育。这就要求教师在实际教学过程中不断渗透信息教育的内容，在现实生活中自觉运用。

（四）信息道德

现代信息技术充斥着我们的生活，为教育教学信息的获取、加工和传输带来极大的便利的同时，也带来了许多不容忽视的问题，如网络黑客、版权问题、个人隐私问题等，这些问题的出现给我们的道德教育提出了新课题，对信息社会的每一个人都提出了新的要求。在信息化社会，就教师而言，其不仅自身要具备良好的道德修养，还应具备进行信息道德教育的能力。

信息道德是指人们在获取、利用信息过程中，必须具备的信息道德思想，以及必须遵循的行为准则。教师的信息道德修养主要包括以下几点：第一，对文化多样性和各民族文化传统的关系有一个正确的认识；第二，对全人类利益和民族利益的关系有一个正确的认识；第三，能够有效排除信息技术环境中的不良因素；第四，自觉遵守网络环境下的行为规范；第五，提高道德的主体性，遵循信息伦理道德标准。例如，不得危害社会或侵犯他人的合法权益，不得向学生传递不良信息等。

教师在面对网络时，应具有高度的社会责任感，这是信息素养的首要道德，在进行每一项研究时，应考虑到研究可能会传播到许多地方，造成极大影响，应考虑到社会效应。例如，网络传播的既可能是利于人类科学技术进步的信息，也可能是有害的计算机病毒。教师要保证自己劳动成果的纯洁性和科学性，不能剽窃和仿冒他人的研究成果，在引用别人的知识劳动成果时应该指明出处，教师之间应具有良好的合作精神。教师既是信息的传播者又是信息的接受者，应尊重自己和他人的劳动成果。

在信息道德规范下，教师在面对十分庞杂的信息时，应选择有用的、有正确影响的信息进行整合，形成有利于社会、有利于学生的信息，并指导学生学会判断和选择信息，为树立学生的信息道德做出表率。

（五）信息创新

创新是指打破现有的思维模式，提出不同于常规思路的观点，进而生产出促进社会文明进步的前所未有的精神或物质产品。随着社会的不断发展，竞争无处不在，只有懂得创新的国家才能有立足之地。因此，要注重对创新型人才的培养。承担着培养创新人才任务的教师，只有从自身出发树立创新意识，提升创新能力，才能为学生树立良好的榜样，促进学生创新能力的提升。

1.教师的创新意识

教师的创新意识具体包括以下几点。

第一，能够敏感地发现问题，注意到某一情境中存在的问题。

第二，对问题的新颖性进行分析，能够提出与众不同，又有科学依据的观点。

第三，对新事物要保持好奇心，并主动弄清楚它们的发展趋势，提出有价值的问题。

第四，具有浓厚的创新兴趣，创新型人才会对各种活动表现出浓厚的兴趣，他们向往并热衷于创新活动，他们能从中得到心理上的满足。

第五，保持怀疑，要对一些传统的观念和看法大胆发问，要善于发现和观察，关注其他人忽略的事物，在一些习以为常的事物中发现新的问题，敢于质疑大家公认的真理，当然，这种质疑并不是盲目的、凭空的，而是要建立在一定科学依据基础上的。可以说，对传统学说、观念和理论提出问题，是建立新理论的重要基础。

2.教师的创新能力

教师的信息创新能力的重点应是能创造出各种条件来培养学生的创新能力。具体而言，教师要努力做到以下几点。

第一，转变传统的教学观念。教师不应只向学生灌输书本知识，还应注重调动学生参与课堂的积极性，最大限度地激发学生的创造性。教师在利用多媒体信息网络教室进行教学时，不仅仅要向学生传授知识，更要教会学生掌握适合自己的学习方法。

第二，为学生营造良好的创新环境。教师在教学过程中，不应把自己的思维强加给学生，而应鼓励学生进行大胆质疑，积极表达自己的意见和观点，培养学生的创新意识。当意识到学生提出的观点不正确时，不应立刻对其进行否定，而应逐步引导其认识到自身的问题所在，并积极探索出正确的结论。

第三，合理利用多媒体点播系统激发学生的创新思维。教师在进行课程综合设计时，要发掘一些有利于训练学生创新能力的课题，要启发学生自己发现问题，自己解决问题，让学生逐步养成独立获取知识和创造性地运用知识的习惯，加强培养学生发现问题、提出问题和解决问题的能力。利用多媒体网络，能够让学生对所学的知识有一个直观的认识，可以让学生通过实际操作，不断加深印象。通过网上教学可以让学生遨游网络世界的同时，在教师的指导下获得大量的知识。

3.教师的创造性思维

教师的创造性思维主要表现在对学生的创造性思维的培养，应遵循培养创造性思维的五个环节。

第一，积极培养发散性思维，做到同中求异，正向反求。

第二，积极培养直觉思维，从大处着眼，将知识进行结构化、图表化处理。

第三，积极培养形象思维，积极表象，启发联想，大胆想象，不能孤立地培养形象思维，要用与逻辑思维相结合的观点培养形象思维。

第四，积极培养逻辑思维，提升对事物的分析、综合和概括能力。

第五，积极培养辩证思维，对问题进行实事求是地分析。

第二节　教师应具备的技术能力结构

信息时代的教师需要具备新的能力结构，不仅是新的理论知识结构，在技术能力方面也要求转变，具体包括信息技术能力以及教育技术能力。

一、信息技术能力

（一）信息技术能力的概念

信息技术是指人类对包括数据、语言、文字等在内的各种信息，进行加工处理的知识、方法和工具的总和。从广义上讲，凡是能拓展人的信息处理能力的技术都可称为信息技术。人的信息处理能力包括对信息的感知、记录、存储、计算、传递等，人完成信息处理的主要器官有感觉器官、神经系统、大脑等，由此看来，信息技术主要包括传感技术、计算机技术、通信技术、控制技术等，帮助人们完成对信息的检测、识别、变换、存储、传递、计算、显示、提取、控制和利用。

传感技术扩展了人的感觉器官能力，主要完成对信息的识别和收集等。计算机技术通过高速的计算能力以及极强的存储能力，弥补了人的大脑能力的局限，使信息的加工处理得以顺利完成。通信技术则扩展了人的神经系统能力，实现信息的传递等。教师信息技术能力就是教师通过计算机和应用软件等技术获取工作需要的信息，进而完成工作任务的能力。掌握使用信息技术的能力，能将其熟练运用于教学实践中，辅助教学的开展。例如，利用多媒体电子教案上课，能够在很大程度上改善教学环境，减轻教师的劳动强度；利用音频、视频信息，能够增加课堂的趣味性，完成一些传统课堂无法完成的任务；利用网络教学，可以实现课堂上的个别辅导和协作学习，等等。

（二）教师具备信息技术能力的必要性

自计算机信息技术的发展为教学引入了互动性和合作方式以来，计算机辅助教学的新型教学信息技术在教育中受到了越来越多的重视。同时，许多国家和地区认识到教育需要改革，而改革的重点和突破点在于如何使用现代信息技术，信息素养的提高有赖于对信息技术的熟练运用，信息技术是培养下一代信息素养的重要途径之一。信息技术教学对教育的发展发挥着至关重要的作用，它不仅改变了学生的学习习惯和学习方式，在很大程度上促进了学生主动学习与自主学习能力的提升，而且对教育理念、模式等方面也产生了深刻的影响。对我国广大中小学教师来说，他们正面临着教育信息化和课程教学改革的新挑战，作为教育改革的最直接实施者，广大中小学教师理应将教育技术能力作为其专业能力的重要组成部分。信息技术在教学中的推广，使得学生能够接触到大量的信息技术，不断提升自身的信息意识与情感，提高信息伦理道德修养，掌握信息技术的基本知识。

简言之，信息技术在教学领域的运用，为学生提供了广阔的学习空间、充足的学习资料和多样的学习方式，同时，它也向教师们呈现了一个前所未有的教学场景，能够对教师的教学手段和教学方式进行改善，有效减少教师传授知识的任务，使其将更多的时间和经历投入到关注学生和引导学生的教育活动中去。这有利于信息化校园的形成，有利于营造培养信息素养的环境，有利于教师信息素养的形成，同时为学生的信息素养和创新能力培养起到示范作用。

（三）信息技术能力的结构

信息技术能力结构一般包括信息技术基本知识和信息技术教学应用两方面，这两方面之下包含了许多部分。

1.信息技术基本知识

信息技术基本知识是信息技术教学得以顺利开展的重要基础。信息技术基本知识主要包括信息技术的基本常识、优势与局限、伦理道德等内容。

（1）信息技术的基本常识。信息技术的基本常识包括信息技术的定义，信息技术的常用名词术语，信息技术的类型及特点，信息技术的发展状况，利用信息技术需要的硬件及软件系统及这些部分在信息系统中的基本功能和信息系统工作原理等。

（2）信息技术的优势与局限。教师既要认识到信息技术的优势，也要认识到信息技术的局限性。

信息技术的优势主要表现在以下三点。

第一，信息技术为人们获取丰富的知识与所需信息提供了方便。

第二，信息技术为人们进行高效的思考与工作提供了工具。

第三，信息技术的应用有利于教师及学生信息素养的提升。

信息技术应用的局限性主要表现在以下两点。

第一，有人可能利用信息技术传播违背人类伦理道德的信息。

第二，在使用信息技术分享信息数据时，传播的信息资源可能是错误的或不真实的。

（3）信息技术的伦理道德。教师在利用信息技术时应注意法律与道德问题。有意制造与散布计算机病毒，利用信息技术盗窃国家机密，利用信息技术破坏他人的数据与信息，与信息技术有关的知识产权问题等都会产生信息技术伦理道德问题。

2.信息技术教学应用

随着教育信息化的大力推进，面对为学生开展信息技术教育，把现代信息技术引入学科教学，培养学生的创新精神和实践能力的现状而言，在学校教学中应用的现代信息技术，主要是指以数字化、网络化、多媒体化和智能化为特点的信息技术。

大量的文献表明，国外一些国家和地区在现代信息技术的教学研究方面取得了一定的成果，掌握了丰富的教学方法，如支架式教学、抛锚式教学、项目研究式学习、协作性学习等，这些方法主要是围绕研究项目或学习主题提出的，学生从广泛的信息资源中筛选出自己所需要的信息，然后根据完成学习任务的需要，对筛选出的信息进行分析处理，最终实现问题的解决。

我国近年来，在信息技术教学应用方面的研究也取得了新的进展，主要表现在以下几个方面。

第一，教师的教学观念发生了重要地转变，认识到学生在学习中的主体性地位，教师是学习情境的设计者，应在学生获取以及利用学习资源时对其进行有效的指导和帮助。

第二，教师将研究的重点从教学媒体开发及其教学运用，转向学习资源的设计开发。

第三，在计算机网络等现代信息技术的学科教学应用中，教师应突出信息技术工具的作用和创设、建构主义学习环境的作用，在建立校园网、多媒体教室等的基础之上进行自主学习形式和研究性学习；教师应重视教学信息资源库的建设，建立中小学各学科教学信息资源库。例如，可以将信息技术作为演示工具，将知识直观地呈现给学生；可以将信息技术作为学习资源获取的工具，让学生通过网址、搜索引擎等工具获取所需信息；可以将信息技术作为情境探究和学习的工具，通过创设虚拟环境，不断提升学生的科学研究的能力；可以将信息技术作为评测和反馈工具，通过使用操作练习型软件等，让学生对自己的学习进行检测，及时发现问题。

从这些应用可看出，信息技术在教学中的应用是作为一种辅助工具，而不是一种理论依靠。实际上，教师应具备的信息技术能力，就是在信息技术环境下转变教学观念，将信息技术在教学实践中进行运用。

二、教育技术能力

（一）具备教育技术能力的必要性

一直以来，教师的专业化并不强，而要想使教师成为一种专业化职业，首先应通过提高教师应用教育技术的能力来提高教师的专业化水平。

教育技术能力，即对信息技术与课程进行整合的能力。在整合的实施过程中，教师应不断转变教育观念，掌握现代教学方法和教学手段，对信息进行合理的收集与应用，进而促进信息教学的顺利开展。

（二）教育技术能力的结构

在信息化学习环境中，教师应掌握的职业技能和应具备的能力结构会随着教师角色的转变而改变。2004 年 12 月，教育部颁布了《中小学教师教育技术能力标准（试行）》，为新时期教师教育技术能力的培养与培训提供了重要依据。它指出，信息时代的教师必须掌握以先进的教育思想、学习和教学理论，以及以计算机为基础的现代教育技术的基本知识和技能。

第三节　教师信息素养的培养

教师肩负着为国家培育具有较高信息素养的优秀人才的重任。要完成这一历史使命，首先要求教师自身具备较高的信息技术素养。这就需要对教师信息技术素养的培养予以充分重视，具体应从以下几方面入手。

一、营造良好的培训环境

教师是课堂内容的传达者，是课堂节奏的把控者，是学生精神世界构建的灵魂工程师。提高教师教学的信息化水平不仅可以提升教师的核心竞争力，还可以提高学校的品牌知名度。教学信息化能力的提升是一项国家政策，从微观上来看，教学信息化的实现需要教师主动提升能力。同时，学校管理信息化建设是为了适应现代化教育方向而做出的重要调整，需要经历一个从无到有、最终实现体制化的过程。就现阶段而言，信息化教学正处于从被动接受到主动学习的过渡期，依赖于国家、学校和教师的共同努力和推动。

（一）发掘激活学校各级个体的潜在需求

信息化教学拥有的良好的外部环境和外在动力，也就是社会信息化的存在及其发展。要把外在动力转化为内在动力，需要激发各级个体的潜在需求，实现隐性需求向显性需求的转变，还需要借助机制及体制的规范，让信息化教学模式得以推广。

通常情况下，教师提升信息化教学能力的渠道往往是学校，主要途径在于学校的有效培训。但在社会信息化起步阶段，社会信息化的程度直接影响教师感知信息化教学能力的程度。因此，在学校开展针对提升教师信息化教学能力的培训，首要的是扩大教师对信息化教学的认知，让教师对信息化教学产生潜在需求，而这种需求往往不易被意识到，但其却是学校提升信息化教学能力的关键环节。

（二）成立专门的培训部门

教育行政部门对整个教育事业的发展与建设起着决定性的作用。从教育部到地方各级都应设立相应的培训部门，对教师信息技术素养的培训工作进行全面负责。相关实践表明，通过层层设置组织机构，能够极大地增强教学工作力度，有效落实国家相关政策，进而提升信息教育教学质量。

（三）加强信息基础设施建设

教师信息素养的培养与提高，需要以信息基础设施建设为基础，可以说，只有加强信息基础设施建设，才能促进教师信息素养与教学实践的结合。学校的硬件建设是教师信息素养全面提高的物质保障。加强基础设施建设应从校园网建设、现代教育技术中心建设以及计算机中心建设等方面入手。

1.校园网建设

校园网在学校信息化建设中发挥着重要的作用，为学校信息化的实现提供了重要的平台。随着校园网的建立和广泛应用，教学教务管理、行政管理和校内外信息沟通等工作越来越便捷。因此，校园网建设是基础设施建设的一个重要方面，应努力使校园网的网页内容更加丰富多彩；使校园网的资源，特别是教学资源更加多元化，为教师进行信息教学提供方便。

2.现代教育技术中心建设

现代教育技术中心的建设具体反映在一些相关的技术设备上，教师的信息技术素养只有具备一定的技术设备作为基础，才能够得到提高。因此，学校应加大资金投入，完善信息教育技术所需的硬件设备，为教师开展信息化教学提供物质基础。

3.计算机中心建设

在信息技术飞速发展的今天，各级学校的教师都应该熟练掌握计算机的操作技术，这也是提升其信息技术素养的一个重要要求。因此，各级学校应不断完善学校教师机房的建设，接入局域网或国际互联网，并将校园网接入到各个教师的办公室，配备相应的课件素材库，进而为教师信息化教学提供坚实的硬件基础。

（四）加强学校间的合作与交流

各个学校之间要加强协作，对教师进行有效的引导，具体应做到以下几点。

第一，加强校际合作，积极举办讲座和研讨会，为教师提供学习的机会。学校应邀请相关单位的专家、教授来校开展讲座和研讨活动，并下发一些与信息素养培养方面相关的书籍、资料等，对教师进行有效引导，进而提升教师的信息素养。

第二，学校应对参与科研工作的教师予以一定的奖励，通过建立完善的激励机制，鼓励教师进行科学研究，努力实现对研究型教师的培养。同时，加强学校之间研究成果的交流，相互借鉴、相互学习，实现共同进步。

第三，将各地各学校一些成功的教师信息技术素养培养案例作为范例进行研究、学习。

第四，各个学校对学生、教师可能会采取不同的评价方法，并且有着不同的经验积累，通过学校间的合作与交流，实现教师评价的科学性。

第五，学校应致力于对基础教育阶段的教育与考试方法进行改革，将侧重点放在对基础知识和能力的测试上，逐渐形成完善的素质能力考核体系。

（五）建立健全学校信息化教学管理体制

信息化教学的目的是让知识在人与人之间得到有效传播，传播途径主要依赖机器与设备。信息化教学管理制度是实现信息化管理的重要保障。有效提高人才，软、硬件及信息资源的利用率，建立健全的信息化管理制度已经成为学校管理首先要应对的挑战。

1.信息化教学人才的管理体制

信息化教学管理的核心还是教育，其本质终究是教师的"教"与学生的"学"。因此，学校推动信息化教学的工作重点，在于信息化人才培养体系的建立与完善方面，主要从对内、对外两个角度进行尝试。

对内，要对教师专业的信息化技术掌握和运用程度进行定期考核。对外，要引进大量信息化教育专业人才，并对不同实际情况的教师进行信息化教学分层培训，充分开发不同教师的信息化教学潜能，提高教师信息化教学管理的标准化、流程化。

2.软件及硬件的管理体制

信息化教学得以正常推广的有效手段之一，是拥有相配套的硬件及软件设施。健全完备的基础设施不仅是信息化教学的有效保障，更决定了信息化教学的发展水平。在进行软件及硬件配套设施采购时，要综合考量现有设备的种类和结构并理智分析，制订出科学合理的采购计划。同时，在软件及硬件管理体制上，要建立完善的后期维护机制、淘汰机制、日常管理机制等，尤其是在日常管理方面，既要符合教师的使用需求，又要对其开展设备使用、维护、管理日志等的培训。

3.信息化教学资源的管理体制

信息化教学资源指在信息技术环境下的各种数字化素材和课件，数字化教学材料，网络课程，以及各种认知、情感和交流工具，其主要来源或是由教师亲手制作，或是通过各种渠道购买、收集，抑或是通过加工他人的教学资源。信息化教学资源是信息化教学的基础，优化信息化教学资源结构，有利于推动教育信息化有效性的实现。

提升教师信息化教学资源管理能力，对于提升学校的核心竞争力而言是十分必要的。尤其是现阶段，在教师花费大量时间和精力用于获取新的信息技术，并将其运用于课件设计和教学模式调整的大背景下，学校组建一支信息化、高素质和专业化的人才队伍，用于开发和管理信息化教学资源显得更为重要。这是因为不同的教师在理解能力、开发能力、教学任务、学术科研等方面存在明显差异，不同专业的教师在信息化教学资源开发过程中的难易程度也受到专业限制，严重影响了信息化教学资源开发的可持续性。

二、实现培训层次的多元化

由于我国教育发展水平地区差异明显，因此，应考虑到不同教师群体的信息技术素养水平，基于不同的教师群体采用不同层次的培训策略。

（一）基础层次

基础层次的培训是对信息技术的普及，主要包括对信息基础知识、基础信息操作技能进行的培训以及对基本的信息意识的教育。

基础层次的培训要针对不同的职位有所区别。例如，学科教师、管理人员和信息技术人员由于职务不同，培训内容也应有所区别。

（二）应用层次

针对我国信息技术素养培训脱离教学实际的误区，提倡信息技术素养的培训应从以下几方面入手。

1.信息技术与学科课程的整合

教师将信息技术与学科课程整合的方式主要有以下几点。

第一，教师要利用信息技术进行演示，利用现成的教学软件、多媒体教学库制作多媒体课件，将学科中难以理解的内容以最为直观的形式展示给学生。

第二，教师要通过利用信息技术，获取学习资源。教师应熟练掌握信息网络技术，通过网址、搜索引擎等方式获取相关的资料，并对资料进行分类整合，进而为学生学习提供丰富的资源。此外，教师还应利用信息技术为学生创设虚拟的学习环境，培养学生科学的学习态度和出色的学习能力。

第三，从实质上讲，信息技术是一种评测和反馈工具。操作练习型软件和计算机辅助测验软件在教学检测中发挥着重要的作用，这就需要教师掌握相关的技能，引导学生在练习和测验中对已有的知识进行巩固，同时从中获得教学反馈。

2.采取基于任务的培训方式

传统的培训与教学实践结合相对薄弱，只重视对信息技术层面的培训而忽视了教学实践中将信息技术整合进去的问题，所以要构建面向课程整合的教师信息技术培训。这种培训是要基于教学任务的，主要是为了解决教学过程中出现的问题，因此，教师具有明确的培训任务。另外，在培训过程中，要根据实际情况对培训计划进行修改，使教师除了掌握本学科教学中的信息技术，还要掌握相关学科教学中的信息技术。

3.推行跨学科的培训方式

从教师信息技术素养的培养现状来看，各学科教师之间缺少必要的交流。基础教育课程改革倡导打破学科界限，在新的基础教育课程结构中，作为新生事物的综合课程已经成为学校课程体系中的重要组成部分。课程结构的改革，要求教师跨越学科界限，与不同学科的教师进行交流，相互学习。

在应用层次中，信息技术与课程整合的应用是逐步变难的，这也就对进行教师信息技术素养的培训提出了一个层级目标，培训者可按照这个层级进行教师培训。

三、培训形式多元化

要改善教师信息技术素养参差不齐的现状，就必须对准教师和在岗教师进行信息技术素养的基本培训，即教师职前培训和在职培训。

(一)教师职前培训

职前培训主要是针对师范院校的学生而言的。在踏上工作岗位之前，加强对师范生的信息技术素养的培养具有重要意义。具体可以采取以下措施。

第一，高等师范院校应积极开设信息技术等专业，使师范生树立科学的信息观念。

第二，开设的信息应用课程要与师范生所学专业相互融合、渗透，使师范生的信息技术与学科课程整合能力不断得到提升，使他们在未来的工作岗位上具有较强的信息应用能力。

第三，高等师范院校要积极开设与教育信息化相关的公共选修课，选修课要侧重于对基本信息知识与信息伦理道德的培养。

第四，在解决师范生不重视现代教育信息课程的问题上，培训者可以采用分组交流的方式，给他们布置任务，然后让他们分组去搜集信息，从各种渠道去搜集信息，最后每个组派代表上去陈述他们搜集到的信息，各组进行交流，从做中学，这样不仅能使学生重视这门课程，还能培养学生协作的能力。

(二)教师在职培训

目前，教师在职培训是我国教师信息技术素养培训的一种主要形式。在职教师中，有很大一部分教师的素养较低。因此，对在职教师的信息技术素养进行培训有利于教师更好地面对信息化时代带来的挑战。

具体而言，教师在职培训的方式主要有校本培训、学位进修、短期培训和自发研修等。

1.校本培训

校本培训具体包括学校利用一定的时间组织的信息技术培训，以及信息技术与课程整合的教学观摩等。

2.学位进修

学位进修主要指通过学习进行学位自考与函授，从而获取信息技术教育等学科的学士或硕士学位等。

3.短期培训

短期培训是各高等院校、教研部门等组织常采用的培训形式。例如，政府部门组织的骨干教师培训。

4.自发研修

自发研修的形式具体包括以下几点：第一，订阅教育技术和信息技术教育方面的相关书籍和杂志；第二，积极参加网络论坛的专题讨论，借鉴经验；第三，积极参加各种研讨会，与一些成功人士进行交流与沟通。

四、教师要完成自身的转变

要提升教师信息技术素养，最重要的是靠教师自身不断地努力，具体应做到以下几点。

第一，更新教育观念。教师要勇于打破传统观念，解放思想，突破传统的教育模式和思维方式，树立新型的教育理念，充分认识到信息技术在现代教学中的重要性。

第二，教师在教学中应将传统的封闭式单一化的教育转变为开放式多元化的教育。

第三，教师应将简单地向学生传播知识转变为引导学生进行自学。

第四，由终结性教育转变为终身性教育，教师必须不断学习，抓紧一切机会学习，把终身学习当成自己的人生理念，要与时俱进，不断更新自己的知识。

第五，教师应将整齐划一化的课堂教育转变为针对学生个性差异性开展的教育。

第六，在进行信息化教学时，教学手段要由静态的物质载体转变为多功能的动态多媒体。

第七，教学模式由课堂讲授式向协同式学习转变，但在这个过程中要避免全盘舍弃的倾向，要将信息观念与已有的教育观念相融合，逐步确立信息时代教育的新意识、新观念。

五、深化学校课堂信息化教学改革

传统教学在开展教学时，课堂是最主要的活动场所，80%以上的教学任务都以课堂教学的形式完成。随着时代的变化和信息技术的发展，以及教育改革的召唤，对传统教学模式中存在的问题应该进行集中反思。目前，一个重要的问题是如何利用信息技术促进课堂教育改革，突破课堂教学的时空局限性，整合线上线下的教育资源，营造多元创新的现代化教学空间与环境。同时，在教育改革的顶层设计中，还应考虑如何纳入数字化资源，搭建网上教育资源的共享平台和远程教育网络等。

（一）优化整合数字化教育资源

信息化时代，在线教育资源的整合和利用程度，是衡量学校的教育改革是否有效开展的一个重要标准。尤其是大数据时代，全球的教育资源都在数字化的趋势下发展和创新，市场上各种类型的数字化教育商品也逐步在被开发和利用。在此基础上，学校教育不能滞后于社会发展，而是应该反过来对数字化教育资源起到引导和规范作用，优化数字化教育资源应做到以下几点。

第一，在顶层设计中纳入对数字化教育资源的合理规划。我国现阶段的数字化教育资源呈现的主要趋势是以市场为导向的，具有一定的盲目性和无序性。因此，相关教育部门和学校需要在对教育改革的顶层设计中，形成对数字化教育资源自上而下的引导和规范。一方面，对社会市场中现有的数字化教育资源形成有效的监督和管理；另一方面，以学校为主要场所，为数字化教育资源营造良好的发展环境。

第二，对数字化教育资源进行合理化整合。面对现有的数字化教育资源无政府的盲目生长状态，相关部门和学校应该对数字化教育资源实现合理化整合。首先，建立一个分类体系，如按照学科、年级、教材体系等，建立数字化教育资源分类系统，再依据我国相关标准和规范进行监督和管理。

第三，为数字化教育资源的发展营造广阔空间。教育资源的数字化从长远发展的角度来看，利国利民，意义重大。数字化教育资源可以突破时间和空间的限制，实现教育资源的长久保存、快速传播和自我生长。因此，应该整合国家、社会和学校资源，为数字化教育资源的发展营造空间。一方面需要进行硬件和软件设备的建设工作，搭建学校的数字化网络平台；另一方面需要打破学科壁垒，实现数字化教育资源面向全社会的共享性，由此吸引更多的资源进入，实现数字化教育系统的自我生长。

第四，鼓励共享机制。通过建立常规化的激励机制，形成对共享行为的激励。一方面，对上传和分享教育资源的行为进行激励；另一方面，对利用在线教育资源开展教学工作的教师和学员进行激励。由此形成在线教育网络平台的资源流动，促进教育资源的整合和发展。

（二）构建深度融合的教学模式

学校的教育教学模式在大数据和信息技术高度发展的时代，呈现出从传统到现代的转型。在此基础上，教学模式需要对线下教育和线上教育进行整合，建构深度融合的模式，具体包括以下三点。

1.课前备课阶段

传统的课前预习可以概括为教师备课和学生预习。在这个阶段，教师依据对学生的了解和个人经验进行备课。但是，在信息爆炸时代，传统的备课方式已不能满足学校课堂教学的需求，教师的备课方式需要另辟蹊径，协同式网络备课应运而生。

协同式网络备课指通过协同效应，将隐性的教学资源以整体和个体间有机协作的方式开发出来，从而使教学效果非线性延长。这种备课方式集众人智慧，采众家之长，充分显示了集体备课的效益，使教学富有创新性，产生"1+1>2"的效果。一般而言，教师利用协同式网络备课的内容包含以下六个方面。

第一，准备课前预习资料，除了传统的教学内容以外，还包括自制的远程教育课程内容。

第二，通过信息平台将课程内容共享。

第三，通过远程平台监督学生的预习进度。

第四，在线解答学生的疑惑。

第五，根据课堂交流内容，改善教学方式与授课内容。

第六，布置预习作业，让学生将个人成果上传到共享平台。

2.课堂教学阶段

在传统教学中，多是以教师为主体开展的灌输式学习活动，师生之间缺乏沟通。在大数据时代，新型的教学活动应该以教师和学生的双主体模式展开，尤其要凸显学生主动学习的行为。

（1）在课堂上，学生以学习小组的形式，在开始上课前向教师集中反馈课前预习的成果和遇到的问题，教师可由此形成针对性教学。

（2）教师在课堂上需要借助多媒体设备创造特定的情境，合理地呈现教学内容。

（3）借助信息化设备，形成对教师教学过程和学生学习过程的实时记录。一方面，学生可以在课后反复学习；另一方面，教师可以及时掌握教学过程中自己的表现和学生的反馈及动态，以便不断更新教学内容。

（4）教师在完成课堂教学内容后，可以借助移动设备给学生提出新的学习任务，并引导学生进行探究式学习。

（5）在线课堂测试。教师可以利用移动设备，让学生完成在线的随堂测试，之后借助智能评价分析系统，及时、公正、客观地进行评价。

（6）测评系统可以帮助教师形成对班级学生情况的整体分析和反馈，及时检测教学的有效性。

3.课后辅导阶段

利用在线教育资源为学生提供课后辅导。一方面，通过对课堂教学内容的数字化保存，学生可以有针对性地重新学习；另一方面，对于作业中的疑难点，可以在线寻求各类资源帮助。除此之外，教师可以通过智能系统及时收集学生的课后作业，并通过智能化的评分和分析，整理下一阶段的教学任务和内容。

（三）重塑学生的学习观与学习方式

信息科学技术对教育方式的影响，不仅是作为教育工具发挥作用，也会对教育参与者，包括教师、学生和其他主体的观念和行为产生影响，甚至重塑，还将对教师的教学和学生的学习过程提出一系列重大挑战以及更高要求。对此，需要做到以下三点。

第一，加强批判性思维的学习和训练。信息化时代中，海量的信息会以无差别的方式呈现在学生面前。这些信息一方面是碎片化的，另一方面是未经筛选的，可能存在错误的价值观和危险的、未加思考的煽动性言论，或是无用、庸俗的垃圾信息和消极负面的信息。对此，学生应该做的是培养逻辑思维和批判性思维，在接受一个信息、观点或者结论之前，首先对其进行批判性分析，包括证据的合理性和充分性，论证的有效性，以及信息传播可能造成的正面和负面效应等。

第二，提倡深度学习。在碎片化时代，受信息去中心化、娱乐化的影响，学生对信息的认识与理解往往只停留在表层。面对信息时代的海量信息，学生要加强深度学习的能力，用工匠精神引领自我，从而实现自我超越。工匠精神是指踏实专注、认真做事的状态，这种状态能保证学生将有效的时间和充沛的精力凝聚到所做的事情上来，并最大限度地发挥自身拥有的积极性、主动性以及创造性。作为网络时代的学习者，学生理应充分发挥工匠精神，学会独立思考，用深度学习需要的专注和坚持，去填补碎片化时代所带来的短板。

第三，化被动学习为主动学习。在多媒体时代，每一个主体都有发言权，都可以获得信息并利用媒介表达自己的观点。在教育改革中，这无疑为凸显学生的主体地位，和激发其学习的主动性、能动性提供了平台和空间。

数据化时代，学校教育在传递学习知识的同时，具有更重要的任务，就是帮助学生在新的时代变化中形成足以立身发展的学习观，在漫长的人生中养成终身学习的行为方式和思维方式，成为能够自我保持、自我成长的一代。

（四）提升教师队伍的信息素养

在科技发展的新时代，不仅学生将面临巨大挑战，教师也同样面临巨大的挑战，新时代的教育变革对教师的教学素养和能力、知识结构等提出了全新的挑战和要求——TPACK是这种新要求的核心概念。

TPACK指信息技术与教学方法以及学科知识内容的有效整合。具体而言，提升教师队伍的信息素养需要做到以下三点。

第一，教师要提高思想境界和水平，尊重学生，关注学生的需求和成长，激发课堂教学活动的生命力。

第二，教师要主动学习和掌握现代信息技术，学会收集和整理教学资源，借助多媒体工具设备和在线教育资源提升个人的教学质量。

第三，教师要借助智能信息评价系统，进行对学生学习质量的反思，进而不断成长。

（五）建立和谐共生的师生关系

教师和学生的关系在大数据时代需要有新的调整和应对方法。事实上，现代的在线教育资源和媒体设备，一方面可以成为教师和学生之间的交流介质，扩展他们的交流时间和空间；另一方面，会使师生之间的关系被疏远，师生从直接的面对面沟通变为依赖于信息设备的沟通。因此，在新时代背景下建立良好的师生关系具有空前的意义和重要性。加强师生之间的沟通和交流一方面需要重视学生的需求和观点表达；另一方面需要注重教师的需求和观点表达。在师生的沟通中，教师应该因材施教，针对不同的学生采取不同的沟通方式和沟通内容，鼓励学生勇敢表达自己，培养学生的学习积极性和表达欲，在合作、探究和共享的原则下，建立新型的师生关系。

综上，在新的信息科技时代，传统的师生关系应该积极应对机遇和挑战，从而形成和谐共生的发展趋势。

　　教学评价是指对于具有特定目标的，一组连贯的教育教学活动的评价。随着信息技术与互联网深入教育的方方面面，信息化环境下的教学评价也在逐渐取代传统教学评价，成为教学评价的主导。本章主要从信息环境下教学评价的十大理念、信息化环境下的教学评价方法体系、信息化环境下教学评价的技术工具、不同技术环境下的教学评价策略与方法四个层面对信息化环境下的教学评价进行阐释，使大家在掌握各种评价方式或评价工具的基础上，形成正确的评价观念，并能根据不同的教学需要、教学环境等选择合适的评价方法与评价工具实施评价。

第一节　信息化环境下教学评价的十大现代理念

　　从理论层面上来说，现代教育理念突破了以往以教育经验为导向的思想束缚，改变了传统教育更加侧重应试教育这一特征，使教育内容更加系统且更具有针对性。从操作层面上来说，在指导教育实践的过程中，现代教育理念则表现得更加成熟，也体现出了包容性、可行性和持续性的特征。这必定会对高等学校的教学起到十分积极的导向作用。下面将对信息化环境下的教学评价的十大现代理念展开详细论述。

一、以人为本理念

人是一切发展的基本因素，当今社会已经从注重科学技术发展的时代进入到以人为本的时代，坚持以人为本的教育理念也更符合当下的时代要求。从教育层面上分析，人既是教育的出发点，又是教育的归宿。因此，现代教育应强调以人为本，在教育教学的整个过程中，全方位地贯彻重视人、尊重人、提升及发展人的能力等重要精神。同时，现代教育也应重视开发人的天赋、挖掘人自身的潜能，关注人当下的现实需要和未来的发展需要，更要重视人自身的价值以及如何实现个人价值，并且应致力于使人自尊、自爱，增强人自立、自强的意识。正是由于现代教育坚持以人为本的理念，所以人们的精神品位和生活质量也在持续提高，人的生存能力和发展能力也得到了提高，进而人的自身也得到了发展与完善。

二、全面发展理念

促进人的自由全面发展是现代教育的宗旨。从宏观上说，现代教育是面向国家全体公民的教育，是注重民族整体的全面发展的国民性教育。它要使社会上的每一个成员都能通过正规或者非正规的渠道接受一定的教育。现代教育的根本目标是全面提升整个民族的思想道德修养，大力发展整个民族的科学文化素质，提高民族的知识创新能力和技术创新能力，增强国家的综合国力。

从微观上讲，现代教育是面向全体学生的教育。它要使每一个学生都能在原有的基础上得到一定的发展，使每一个学生都能达到社会规定的合格标准，使他们成为社会需要的人才。现代教育的根本任务是促进每一个学生在德、智、体、美、劳等方面的全面发展，将学生培养成全面发展的人才。这就要求人们在教育观念上，要将传统的应试教育观念改变为素质教育观念，将精英教育、专业性教育转变为大众教育、通识性教育。在教育方法上，要注重学生身心发展的方式方法，采取促进学生德、智、体、美、劳全面发展的，整体育人的方针政策。

三、素质教育理念

现代教育重视的是在教育过程中转化知识，即将知识转化为能力，内化为学生的良好素质。它强调的是知识、能力和素质三者在整个人才结构中的相互作用、相互渗透与和谐发展。在传统教育过程中，往往忽视了学生的实践能力和综合素质的发展。针对这一弊端，现代教育更加强调锻炼学生的实践能力，培养学生的综合素质。现代教育认为，与知识相比，能力和素质要更重要、更持久、更稳定。

四、创造性理念

在以知识为基础、以脑力劳动为主体的知识经济的概念下，人的创造性作用体现得更明显，人的创造力潜能也成了最具价值的重要资源。现代教育强调教育教学过程应该是一个极具创造力的过程，要以培养学生的创造力为基本目标，积极挖掘学生的创造力潜能。现代教育主张在营造教育教学环境时，要运用创造性的教育教学手段，同时还要结合优美的教育教学艺术，在培养人才时，要培养学生的创造力，将学生培养为创造型人才。现代教育认为创新精神和创业精神二者相结合形成的生态链才是完整的创造力教育的构成要素。

五、主体性理念

现代教育其实是一种主体性教育。现代教育充分地肯定了人的主体价值，积极弘扬人的主体性，有效激发教育主体的能动性，并使其在一定程度上得到提高，同时也增强人的主体意识，提升人的主体能力，使受教育者不再被动接受外在的、客体实施的教育，而是自主地进行自我教育活动。这种新颖活泼的主体性教育模式倡导的是快乐教育、自主教育、成功教育以及研究性学习等。这种模式能更好地点燃学生学习的热情，更好地培养学生的各种兴趣，促进学生养成良好的学习和生活习惯，使学生的学习能力不断提高，促进学生积极主动地学习和发展。

六、个性化理念

多元化的个性发展是创造精神和创新能力的重要源泉。我们处在知识经济这个创新的时代。多元化的人才，是建设新时代的基本需要，然而多元化的人才，需要多元化的个性化发展，因此，个性化教育理念应运而生。现代教育注重的是学生的身心素质特别是人格素质的发展，因此，它要求教育教学的每个环节都要贯彻培养和完善个性的理念。首先，在教育实践过程中，个性化理念要求创设个性化的教育环境，营造个性化的教育氛围，搭建个性化的教育平台；其次，在教育观念上，个性化理念提倡精神宽容、地位平等和师生互动，承认并且尊重不同学生之间的个性差异，为每一个学生的个性展示提供平等的机会，为每一个学生的个性发展提供有利的条件，鼓励每一个学生展示自己的个性和长处；最后，在教育方法上，个性化理念注重因材施教，为学生个性的健康发展提供足够的空间。

七、开放性理念

现如今，我们正处在一个空前开放的时代。科学技术高速发展、日新月异，为我们的生活带来了便利，也让我们的世界逐渐成了一个联系更加密切的有机整体。一种全方位、开放式的新型教育打破了传统教育的封闭式格局。这种新型教育从教育资源、教育内容、教育目标、教育观念、教育方式、教育过程和教育评价等方面全面取代了传统的封闭式教育。其中教育资源可以是现实的、物质的、传统的、民族的，也可以是虚拟的、精神的、现代的、世界的。

八、多样化理念

教育多样化首先表现为教育需求多样化。首先经济社会的发展十分迅速且千变万化，所以对人才的各方面要求必然会随着社会的发展而变得多样化。其次，办学主体、教育目标和管理体制等也体现出了多样化趋势。最后，教育的形式和手段也变得灵活多样，教育质量和人才质量的衡量标准也逐渐变得弹性化、多元化。以上这些都表明，相关部门或教育机构在管理教育教学过程和设计教育教学活动时，会面临更多的挑战。多样化理念要求相关部门和教育机构根据不同的办学层次、不同的办学类型和不同的管理机制柔性设计以管理教育教学活动，它推崇的是弹性教学与管理的模式。因为这种模式与教育教学实践更加符合。为了促进教育事业的繁荣发展，它主张建立更加多元的社会政策和法规体系，营造更加宽松的舆论氛围。

九、生态和谐理念

在大自然中，植物、动物、微生物等都无法离开良好的生态环境而自由生长。现代教育主张将教育活动作为一个有机的生态整体。从教育活动的内部条件来说，这个整体的和谐性体现为教师与学生的和谐相处、课堂与实践的有机统一、教育内容与方法协调一致等；从教育活动的外部条件来说，这个整体的和谐性体现为教育活动与整个育人环境的协调统一，教育活动与文化氛围的亲和融洽等。现代教育要求教育者在教育的每个环节都营造融洽、和谐的氛围，以形成完整统一的教育生态链，让人才健康成长所需要的养分、土壤等各因素之间产生和谐共鸣，最终达到生态、和谐的育人目的。

十、系统性理念

对个人来说，教育是其一生中最重要的活动之一；对国家来说，教育是国之大计、党之大计。因此，教育不仅仅是学校的事情，也是整个社会进步与发展的大事；教育不只是为了提高个人素质，更重要的是提高整个国家的国民素质；教育也不仅仅是满足个人精神文明需求的活动，更是国家精神文明建设和"两个文明"协调发展的战略性大业。教育是一项复杂的社会系统工程，由多方面的要素组成，涉及了多个部门、多种行业，因此，如果想搞好教育，就需要社会全员参与，共同奋斗。我国正在形成社会化大教育体系，该体系主张在社会系统内部各部门和各环节协调运作的基础上，完成健全教育社会化网络的工作，并把该工作作为构建教育环境工作的中心，进而促进大教育系统工程的良性运转。

第二节　信息化环境下的教学评价方法体系

随着教育信息化的普及，仅关注结果和根据外部标准对学生进行价值判断的传统教学评价已不能适应信息化时代的教学。因此在信息化环境下，我们要破除以考代评、为评而评、以评定性的做法，建立诊断性评价、形成性评价、总结性评价相结合的教学评价方法体系。以上三种评价分别发生在教学活动的不同阶段，共同指导着教学活动的有效进行。诊断性评价是在教学活动开始之前对学生的知识储备、能力水平等各方面所进行的评价，以此为即将开始的教学活动提供设计依据。形成性评价发生在教学过程中，通过评定学生当前的学习状况获得改进教学的反馈信息。总结性评价是发生在学期、单元或课程结束后，为了判断学生学到的技能和知识而实施的评价。本节将对以上三种评价方法进行综合阐释。

一、诊断性评价

我们知道，医生要想开出使患者康复的处方，必须先对患者进行仔细地诊断。同样的，教师要想制定适合每个学生的特点、符合每个学生需要的有效教学策略，也必须先了解学生的知识储备情况、技能水平、对所要学习学科的态度和理想抱负等。了解学生的手段之一就是对学生进行测试，这就是我们所说的"诊断性评价"。[①]

（一）诊断性评价的含义

诊断性评价也被称作教学前评价或前置评价，是布鲁姆教学评价理论中的一个重要环节，它是指教师在教学活动开始之前对学生的知识、技能以及情感等状况进行预测，从而了解学生的知识基础和准备情况，为判断他们是否具备达成当前教学目标所要求的条件提供依据。

在实际教学中，教学工作者不仅要在学期或课程开始之前实施诊断性评

---

①张春明:《诊断性评价在课堂教学中的意义》,载《中国社区医师(医学专业半月刊)》,2009年第16期,第260-261页。

价，更要有意识地尝试将诊断性评价应用于课堂教学过程中，从而及时发现学生在学习过程中的长处与不足，长善救失，帮助学生在可能的范围内获得更大的进步。

（二）诊断性评价的作用

在教学的不同时机实施诊断性评价其所起到的作用是不同的。[1]学年或课程开始之前的诊断性评价主要用来确定学生的准备程度，并对学生进行适当安置，教学过程中的诊断性评价则主要用来确定妨碍学生学习的因素。

1.在学年或课程开始之前实施诊断性评价

在学年或课程开始之前实施诊断性评价有以下两大作用：一是可以了解学生的学习准备情况，明确学生发展的起点水平。学习是一个连续性的活动，后续学习是在学生原有水平之上进行的。实践证明，学生当前发展的差异大部分是由前期的经验不同所造成。因此，在教学活动进行之前，应该诊断学生的学习准备程度，以便检查我们的教学目标设定是否过高或过低，教学内容选择是否得当，以此为教学活动的顺利开展奠定基础。二是可以识别学生的个体差异，决定对学生的适当安置。了解学生在知识储备、学习风格、志向抱负及性格等方面的差异，可以有针对性地为学生提供适合其个性特点的学习环境，或者根据学生的个别差异对学生进行分班、分组。

2.在教学过程中实施诊断性评价

在教学过程中实施诊断性评价，可以辨识造成学生学习困难的原因，以作为采取补救措施的依据。虽然在教学开始之前已经对学生进行了适当安置，但是个别学生在学习过程中进步仍然比较慢，不能按时达到教师所预定的学习目标。在这种情况下，教师有必要借助诊断性评价设法辨识出妨碍学生学习的因素。如果教师能够找到造成学生学习困难的原因，就有可能设计出"治疗"方案，采取有效的补救措施，排除或尽可能降低干扰因素的消极影响。

（三）诊断性评价应用的步骤与方法

诊断性评价是学生学习评价过程的开端，有效衔接了学生的学习过程，能为学生下一步的学习做好准备，也有利于教师实现个性化教学，设计针对个人的教学计划。那么我们该如何在教学中开展诊断性评价？教师对学生进行诊

---

[1]一帆：《诊断性评价》，载《教育测量与评价（理论版）》，2012年第5期，第8页。

断性评价的手段又有哪些？

1.诊断性评价应用的步骤

首先，在学年或课程教学开始之前通过各种诊断性评价方法收集与教学对象的学习准备情况相关的信息。其次，根据收集信息，明确学生发展的起点水平以及个体差异。再次，调整教学策略，根据学生的个体差异因材施教。最后，在教学过程中也可以恰当地实施诊断性评价，以确定妨碍学生学习的因素，为教师及时调整教学策略提供依据。具体的诊断性评价应用的步骤流程图如图9-1所示。

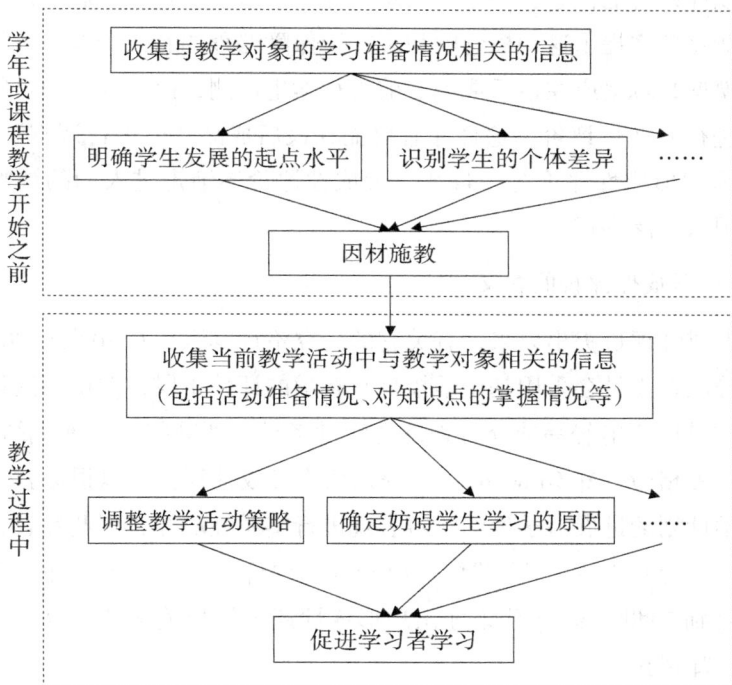

图9-1　诊断性评价应用的步骤

2.诊断性评价的手段与方法

诊断性评价既需要以日常观察为主要手段的定性分析，又需要以诊断性测验为主要手段的定量分析。一般来说，教师对学生进行诊断性评价借助的手段主要有：以前的相关文件和档案、诊断性测试以及日常观察等。其中，以前相关的文件和档案不仅包括学生的成绩记录表，还包括有学生的成就表现、推荐信、获奖情况等的记录，这部分信息对于教师充分掌握学生各阶段的学习状况具有重要的作用。诊断性测验是指教师在教学过程中为了解学生学习状况进行的测试，其目的并不在于评定学生，而是为了更好地调控教学。日常观察是指教师每天在课堂上或其他教学活动中对学生进行的观察和对学生的反应做出的评价，其实施途径包括提问、访谈、问卷调查等。①

二、形成性评价

美国课程评价专家迈克尔·斯克瑞文（Michael Scriven）于1967年首次提出了形成性评价的概念，并把它与总结性评价做了区分，开启了该领域研究之先河。斯克瑞文提出这一概念的初衷在于保障课程的有效开发，他指出"教学材料的模型和草案应在最后成型之前进行学生试测，以便在教学材料的形成阶段就能进行有效性评价，这样才有可能在最后成品之前进行调整"，并把这一过程称为"形成性评价"。②自此，形成性评价逐渐走进人们的视野，并一直为西方国家广泛推行。

（一）形成性评价的含义

自形成性评价提出以来，有关它的研究不计其数。从20世纪80年代开始，英国中等教育委员会采用基于学校日常教学的评估手段，并认为这种手段可以测量出"某些不能轻易或充分地从总结性考试中所获得的学业成绩"③。澳大利亚学者麦格劳（McGraw, barry）等人认为形成性评价可以根据教学大纲的内容和教学计划的进展对学生的学习表现进行实质性取样，因此在教育评价上比外部的考试更加全面。④在我国，由于教育评价中"一考定乾坤"模式的根深蒂固，直到20世纪90年代末才出现形成性评价的相关文献，尽管起步晚，但研究势头却很猛。

---

① 袁维新：《运用诊断性评价揭示学生的前概念》，载《生物学通报》，2003年第6期，第32-34页．
② 冯翠典、高凌飚：《从"形成性评价"到"为了学习的考评"》，载《教育学报》，2010年第4期，第49-54页．
③ 吴昌提、林菊芳、陈宁红：《国内外形成性评价述评》，载《现代远距离教育》，2009年第3期，第66-69页．
④ McGraw B, "Assessment in the Upper Secondary School in Western Australia: Report of the Ministerial Working Party on School Certification and Tertiary Admissions Procedures(McGraw report)," 1984, http://hdl.handle.net/11343/191184.

对形成性评价含义的描述数不胜数，比较具有代表性的是形成性评价概念的提出者——美国教育学家斯克瑞文的描述，他指出："形成性评价是通过诊断教育方案或计划、教育过程与活动中存在的问题，为正在进行的教育活动提供反馈信息，以提高实践中正在进行的教育活动质量的评价。"[①]这一思想重视评价的教育性和发展性，强调评价活动应该以反馈教育信息、调节教育过程、规范教学管理、提高教育质量和效益、保证更好地实现教育目标为目的。

（二）形成性评价的作用

形成性评价是一个过渡性评价，它的核心在于为教学提供最佳反馈信息，指导教学实践，这是对形成性评价总体的、一般的认识。随着我们对形成性评价不断地认识和使用，形成性评价的作用也被划分得更加具体。具体来说，形成性评价的作用有以下几个。

1.强化学生的学习结果

形成性评价的结果可以对学生起到积极的强化作用。其结果一方面能通过提供正面的反馈信息加强学生进一步学习的动机或积极性；另一方面也能通过学生的认知反应加固学生对正确答案的认识，从而保证学生牢固掌握所学知识。使形成性评价发挥这种强化作用最重要的一点是形成性测验不能简单地打等次、分数，而应通过适当的形式让学生发现他是否掌握了某一知识点，如果没有掌握则要给予鼓励性评语并提出建议。

2.促进学生学习方式的转变

学生在学习中会采用不同的学习方式，不同的学习方式会产生不同的学习效果。教师在教学过程中有意识地了解反映学生学习质量和水平的资料并对其进行评价，依据这个评价结果学生可以明确自己学习方式存在的不足，进而加以改进。通过这种方式，可以逐渐将学生的学习方式引导到自主、合作、探究式上来。

3.给教师提供反馈

通过对形成性评价结果的分析，教师可以了解自己对教学目标的陈述是否明确，教材的组织和呈现是否具有结构性，讲授是否清晰并引导了学生的思路，关键的概念、原理是否已经讲解透彻，使用的教学手段是否恰当等。这些

[①] Scriven M, Evaluation thesaurus (CA: Sage Publication, 1991), p. 169.

信息的获得将有助于教师重新设计并改进自己的教学内容、方法和形式。

（三）形成性评价的方法

形成性评价的方法包括自我评价、互相评价和教师评价等。自我评价是指学生在学习过程中依据评价标准对自己的学习和行为进行的评价，它不仅可以促进学生进行自我反思，还可以提高学生的自信心。互相评价是在教学过程中，以划定的学习小组为单位，依据评价标准，同伴之间对彼此的学习条件、学习过程及学习效果做出的评价，这对鼓励学生合作和向他人学习具有重要意义。教师评价是教师在教学过程中针对学生的学习状况所进行的评价。在对学生进行评价时，教师的作用是多层面的，不仅可以定期评价学生的学习状况，给学生提供反馈意见，帮助学生自评、互评；还可以在学生制定和应用评价标准时给予指导和支持等。在教学评价中，教师和学生能共同面对彼此的成长，这种评价方式不仅给学生也给教师提供了教与学的反馈信息。这种"教师-学生"合作评价的方式在形成性评价中占有非常重要的地位。

三、总结性评价

（一）总结性评价的含义

总结性评价也称"后测"，是在学期、单元或课程结束后，为了判断学生学到的技能和知识而实施的评价。其功能是对学生的学习结果做出判断，鉴定成效；为学生的学习提供反馈；证明学生掌握知识、技能的程度和能力水平。[1]施良方曾对总结性评价的含义做出过阐述："总结性评价或称终结性评价，是在课程计划实施之后关于其效果的评价。它是一种事后评价，目的是要对所编制出来的课程质量有一个'整体'的看法。"[2]一般来说，在经过一段时间的学习之后，对学生进行总结性评价是很必要的。

总结性评价的特点包括两点。一是它注重学生对某门课程整个内容体系的掌握，能对学习成果进行全面的确定，重点考查学生达到学习总目标的程度，因此总结性评价实施的次数或频率不多，一般是一学期或一学年两三次（期

---

①许晓艺：《网络学习方法——教你做成功的网络学习者》，清华大学出版社，2012，第237页.

②王丽丽：《形成性评价与总结性评价之关系探究》，载《现代教育科学》（小学教师），2013年第3期，第173-175页.

中、期末考查或考试以及毕业会考等均属于此类）。二是它的概括水平一般较高，评价的内容范围较广。[①]

（二）总结性评价的作用

总结性评价可以发挥多种作用。通过总结性评价，既可以掌握学生的学习结果，给教师和学生以反馈，也可以预测学生在随后的学习中能否取得成功，还可以确定随后教学的起点，为下一个学习过程中诊断性评价的实施提供依据。具体而言，其作用主要有以下几点。

1.评定学生的学习成绩

一直以来，总结性评价是传统教学中最常见的评价方式，"一考定乾坤"中的"考"通常就是指总结性评价。在学校工作中，总结性评价最常见的作用是评定学生的学业成绩，主要是教师根据学生的学习成果和其达到教学目标的程度来打分数、评等次或写评语。由于总结性评价要确定各个学生在学生序列中的名次排列，因而常常采用"常模参照测验"的方式。

2.预测学生在后继教学过程中成功的可能性

总结性评价的结果也常被用来预测学生在随后的课程或教学中的学习是否能取得成功。一般情况下，在某门学科的总结性考试中得分高的学生，大部分在其他相关学科或该学科的其他部分的学习中也会获得较高的分数。

3.确定学生在后继教学过程中的学习起点

在这一点上，总结性评价的作用与诊断性评价的作用基本相同。一个年级的总结性评价考试的结果可以较为全面地反映学生的知识水平，因此它既可以作为确定学生下一阶段教学从何起步的依据，也可以反映学生在认知、情感和技能方面的学习准备程度。要想使总结性评价结果可以用来确定学生在后继教学过程中的学习起点，其中有一点非常重要，那就是评价不能仅用分数简单地表示，还应有详细、具体的评语。

4.为学生的学习提供反馈

总结性评价大多发生在阶段教学任务完成时或期末。如果总结性测试所测的是学生在教学过程某一阶段的学习结果，并且测试的试题能反映学生对各个单元学习任务的掌握程度，那么合理编制的总结性考试也可以反映学生在前一阶段的学习情况，从而起到反馈作用。总结性评价的反馈信息不仅是对学生前

---

① 李龙：《教学过程设计》，内蒙古人民出版社，2000，第390页.

一阶段学习的总结，还可以为学生制定下一阶段的学习目标提供指导。

（三）总结性评价的实施应用

在课程教学中实施总结性评价一般遵从这样的步骤（如图9-2所示）。首先，明确评价的目的，根据评价的目的研制评价的指标体系，评价指标是评价目标某个方面的具体化，具有行为化、可测量的特点，是直接的、具体的评价内容；其次，对各评价指标制定具体的评价标准；再次，选择合适的测量方法，如正式的测验、结构化的调查等，测定各评价指标的数据和信息，进行测量并收集测量数据；然后，对测量的数据进行统计分析，如对测验结果予以标准化评分，对调查结果的统计分析等；最后对评价的结果进行阐释。

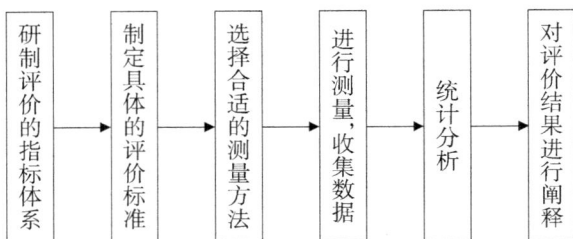

图9-2　总结性评价的步骤

诊断性评价、形成性评价和总结性评价分别在教学活动的不同阶段进行，共同构成了完整的教学过程评价体系。但是长期以来，重视学习结果的总结性评价一直占据学校教学评价体系的主导地位。评价只关注学生是否达到学习目标及应达到的程度，忽视了学生在达到学习目标的过程中所采用的方法和策略以及学生在达到目标的过程中所获得的体验和经历，忽视了学生在学习活动各个时期的进步情况和努力程度，并在一定程度上影响了学生的自我效能感。[①]因此，在实际教学过程中，我们要加强诊断性评价和形成性评价的应用，为教学提供前置性和过程性反馈。只有建立诊断性评价、形成性评价与总结性评价相结合的教学评价方法体系，才能保证教学活动有效、顺利地进行。

[①]杨波：《新课程背景下形成性评价的研究》，上海师范大学，2007，第3-4页.

第三节　信息化环境下教学评价的技术工具

信息技术的飞速进步，促使信息技术与教育有效结合，影响了教育的各个方面，信息化教育被正式提出。信息化教学强调以学生为中心，教师与学生的角色也都发生了巨大的变化，学生成为知识的主动建构者，而教师则成为助学者。在这种形式下，传统的以教师为中心的教学评价工具显然已经无法满足现代信息化教学的要求，这就促使了能适应信息化教育的、以学生为中心以及关注学习过程的新型信息化教学评价工具的产生，量规、电子文件夹与概念图则是符合上述要求的新型评价工具。

一、量规

量规是一种结构化的定量评价工具，常以二维表格的形式呈现。在传统教学评价，特别是在评价非客观性的试题或任务时，人们已经开始使用这种工具，例如教师对学生作文的评价往往会分别就内容、结构、卷面等方面所占的分数给予规定，以便更有效地进行评价。[1]

（一）量规含义

所谓量规就是用于评价多种学习活动的量化标准，往往从与评价目标相关的多个方面详细规定评级指标，具有操作性好、准确性高的特点，是教学评价的常用工具。

（二）高效用评价量规的特性

量规是基于绩效的评价，它与课程或学习标准紧密结合，充分运用特定的标准形成多主体、多维度评价，适用于评价多样化学习活动的情况。[2]在日常教学中，设计一个量规并不难，难的是如何设计最适合当前教学评价要求、具有实际价值、操作性强的量规。根据相关研究，一个高效用的量规具有如下特

---

[1]李桂芹：《信息化教学评价量规的设计及应用研究》，南京师范大学，2005，第7页.

[2]钟志贤、王密、林安琪：《量规：一种现代教学评价的方法》，载《中国远程教育》，2007年第10期，第43–46页.

点：①量规应当包含影响评价绩效的所有重要元素，并具有"约定性"。一般来说，对教学效果产生重要作用的元素，都要列为量规的评价元素；②量规的评价元素应当根据教学目标需求、学生认知水平和学习环境特点进行合理设置，教学目标的不同决定着量规评价元素的差异；③量规评价元素的权重设定，应当根据教学目标的侧重点或重要性而有所区别，合理设定各评价元素的权重，不但有助于有效评价，还能更好地引导学生把握学习的重点；④量规中的评价等级应当是明显的、全面的和描述性的，描述的语言是具体的和可操作的，等级的确定应当能明确涵盖或反映预期教学绩效的范围；⑤量规中的每个元素都要尽量细化到不可再分，这样可以使在该元素下制定的评价标准具有可行性和可操作性。

（三）评价量规的设计与开发

我们已经明确了一个高效用的量规所具有的特点，那么我们该如何设计与开发一个高效用的量规呢？尽管教学中存在种种不同的量规，但量规的设计与开发仍有一些基本步骤：第一，明确学习目的和目标。在教学与评价过程中，学习目的与目标都起着关键作用，它们指导教与学，向其他人传递教学意图并提供评价学生学业的指导意见。[1]因此在设计量规前首先要明确学习目标，对学生目标的清楚描述能够对量规的设计提供指导。第二，根据学习目的和学习目标确定评价目的，再根据评价目的列出评价指标。一个有效的量规应包含所评价绩效的所有重要元素。第三，制定评价标准及水平等级。在文献分析、调查问卷和访谈的基础上制定相应的等级，等级需涵盖预期绩效的全部范畴，每个等级应代表明显不同的层次，不能重叠或模棱两可，等级描述的语言应当清晰具体且具有可操作性，避免含糊抽象。第四，给每个水平等级分配分值。量规是个复杂的评价工具，在一个分项量规中，每个等级对应的分值也会因评价标准的不同而不同。第五，检查、测试和修改量规。经过上述四个步骤之后，一个量规已经基本成型，但在投入使用之前，还需要进行检查、评价和修改。

---

[1]林·格朗伦德：《教学中的测验与评价》，国家基础教育课程改革"促进教师发展与学生成长的评价研究"项目组译，中国轻工业出版社，2003年，第41页．

二、电子文件夹

长期以来，文件夹是作为人们收藏各类作品或资料的重要工具，最常见的使用者莫过于艺术家和摄影师。为了寻找更好的工作，或者仅仅为了证明其艺术才华，他们大多都采用文件夹这种形式来收藏其作品。再后来，文件夹进入教育领域，并开始成为教学评价的一种工具。

（一）电子文件夹的含义及其特征

文件夹英文名为 portfolio，有"代表作选辑""作品集"的意思，也被译作"公文包""画夹"等。最初的文件夹是纸质版的，而随着科学技术的进步，计算机在各个领域的普及和因特网的出现，文件夹里的有关资料逐渐可以利用计算机和网络来进行辅助搜集、保存、管理和展示，纸质文件夹就发展成为电子文件夹（E-portfolio），电子文件夹大大提高了文件夹评价方式的可操作性。电子文件夹即电子档案袋，是指运用信息技术手段，表现和展示学生在学习过程中的有关学习目的、学习作品、学习成果、学习付出、学业进步以及对学习结果进行反思的一整套材料。简单来说，电子文件夹就是一个记录学生发展与成长过程的网络工具，它不仅能辅助教师的教学，也能促进学生的个人成长与自我评价。

与传统的教学评价工具相比，作为一种信息化教学评价工具的电子文件夹有以下几个显著的特性。第一，数字化的表现形式。电子文件夹是利用现代信息技术记录学生的学习过程，并以此来评价学生学习效果的评价工具。第二，制作过程的参与性。电子文件夹是一种以学生为中心的信息化学习评价工具，它要求学生全程参与整个电子文件夹的制作过程，使学生真正成为学习的主人。第三，评价的过程性。电子文件夹是一种基于过程的教学评价工具，体现了"学习是个过程，学习评价也应有过程评价"的思想。在电子文件夹的使用过程中，学生能够发现自己在整个学习过程中的进步与不足，从而正确评价自己的学习。综合来看，电子文件夹的使用有利于记录学生成长的足迹，为学生更好地了解自己提供依据，并使学生真正成为学习的主体。

（二）电子文件夹的设计过程

电子文件夹具有高效率、吸引力强、储存携带方便、易于交流等优势。制作一个电子文件夹或许令人望而生畏，但是如果将其分解为一系列步骤就会容易很多。归结起来，电子文件夹的设计过程包括以下几个步骤。①确定建立文件夹的目的。在建立文件夹前，师生需要确定文件夹的用途，为确定文件夹中的内容打下基础。②确定文件夹的内容。确定好建立文件夹的目的后，就要进一步思考文件夹的具体内容。电子文件夹中一般可以包含学生信息、学习记录、学习成果、学习依据和学习反思五大类，如图9-3所示。[①]③评价、修改文件夹的设计。为了使文件夹的设计更加科学、合理，教师和学生要对现有的文件夹进行评价，检查其中是否存在问题，是否符合学生的成长规律等。在分析完这些问题后，对现有的文件夹进行修改。④教师与学生搜集与各个内容模块相关的信息、资料，丰富文件夹的内容。在整个学习过程中，学生可以随时查看自己的文件夹，查缺补漏，长善救失。

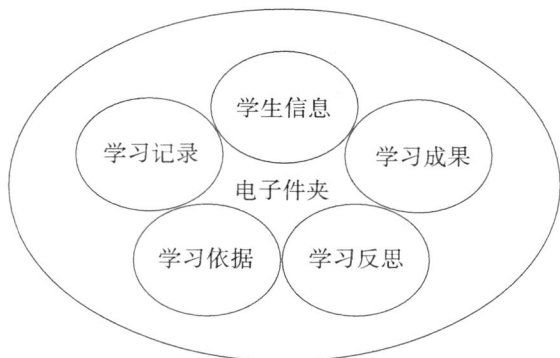

图9-3　电子文件夹的内容框架

（三）基于电子文件夹的信息化教学评价——电子文件夹评价

电子文件夹评价也称作电子档案袋评价，是评价理念的体现以及信息技术和档案袋评价技术的结合，是实现对学生形成性、多元性、真实性和综合性评价的一种评价方法。它所体现的理念是：实现学生学习过程的评价；实现教师、学生共同参与的多元评价；实现学生在真实情境下的评价。[②]电子文件夹

---

① 陈丽等：《数字化校园与E-learning：信息时代大学的必然选择》，北京师范大学出版社，2007，第176-177页.

② 肖志明：《电子档案袋评价在远程教育中的应用研究》，载《广西教育》，2012年第27期，第78-79页.

评价作为一种信息化环境下的教学评价方式，之所以越来越受到学生、指导教师和学术团体的关注，源于其所独有的一些优势，即：①评价主体多元化。在传统的教学评价中，教师是唯一的评价主体，考试是唯一的评价方式。电子文件夹评价则打破了教师片面评价的局面，允许教师、学生自己、学生伙伴和家长共同参与评价。②以评价促进发展。电子文件夹评价坚持"以评价促发展"的基本理念，学生不仅可以积极参与到评价标准的制定之中，还能够用自己制定的标准规划自己的学习进程。③评价情境的全面化。电子文件夹评价不再像传统评价那样脱离课程和学习情境对学生展开评价，而是贯穿整个学习过程，记录学生的整个成长历程，实现学习、课程和成果的一体化评价。

三、概念图

概念图是一种建立在以图示为主的学习理论的基础上的认知工具，它既可以为学生提供直观可视化的知识表征，促进其创造性思维的发展；又可以为教师提供一定的教学支持，方便其进行课堂教学与效果评价。随着信息技术的不断发展，多样化的技术工具大大扩充了概念图的形式和作用，使其在教学与评价中具有更广阔的应用价值。

（一）概念图的含义及其特征

概念图是由美国心理学家约瑟芬·诺瓦克（Joseph D. Novak）于1984年在其著作《学习如何学习》中正式提出的，自此以后概念图被广泛应用于课堂教学与评价中，特别是在知识组织和表征上发挥着重要作用。概念图通常将与某一主题的有关概念放在圆圈或方框中，然后将相关的两个概念用线段连接，并在线段上表明两个概念之间的意义关系。[1]概念图的理论基础是奥苏贝尔的学习理论，随着教育心理学的发展，认知主义和建构主义理论也能很好地支持概念图在教学中的应用。

有研究者认为，把概念图作为评价工具有两大优势。一是可以反映学生掌握已有概念、把握知识特点以及联系和产出新知识的能力；二是从学生所处的概念节点上可获知学生对概念意义理解的清晰程度和广阔程度。这两大优点使

---

[1]李宇峰，李兆君：《概念图在信息化教学评价中的应用研究》，载《中国教育信息化》，2009年
第20期，第45-47页.

概念图成为有效评价学生对某一知识领域的认知水平的工具。[1]

概念、命题、交叉连接和层级结构是概念图的四个基本图表特征。概念是感知到的同类事物的共同属性，通常用专用名词进行标记；命题是对事物现象、结构和规则的陈述，在概念图中，命题是两个概念之间通过某个连接词而形成的意义上的关系；交叉连接表示不同知识领域的概念之间存在的某种关系，连接可以是单向的也可以是双向的；层级结构是概念的展现方式。如图9-4就是以生物学科中的"生物进化"为中心构建的概念图。

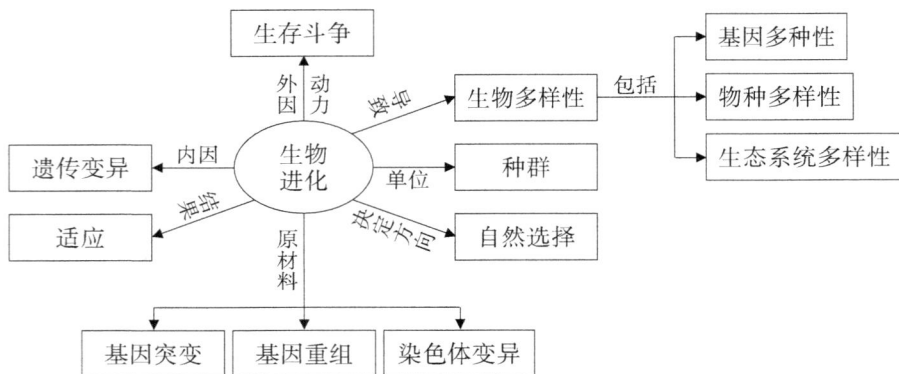

图9-4　以"生物进化"为中心构建的生物学概念图

（二）基于概念图的信息化教学评价——概念图评价

概念图评价就是以概念图为工具对学生掌握知识的情况进行评价的一种方法。玛丽亚·鲁伊斯-普里莫（Maria Ruiz-Primo）和理查德·沙维尔森（Richard J. Shavelson）对于概念图在科学教育评价中的运用进行了深入研究，并提出了一个三维的概念图成分评估的理论构架（如表9-1所示）[2]，这也是迄今最权威、引用最广泛的概念图评估理论构架。他们认为，概念图的评价是"评价任务（Task）""反应方式（Response Format）"和"评分体系（Scoring System）"的综合体。

---

[1] 一帆：《概念图评价》，载《教育测量与评价（理论版）》，2011年第12期，第55页.

[2] 李宇峰、李兆君：《概念图在信息化教学评价中的应用研究》，载《中国教育信息化》，2009年第20期，第45-47页.

表9-1　概念图成分评估构架

评估成分	评估变量	实例
评价任务	任务要求	填充概念图；从头构建概念图；排列卡片；评价概念对的关系；撰写文章；回答访谈
	任务限制	学生是否被要求：建构等级图；提供任务中所使用的概念；提供任务中所使用的概念间的连接语；允许在两个结点间使用一个或一个以上的连接；允许移动概念直至达到满意为止；要求定义图中所使用的术语等
	内容结构	任务要求、任务限定与某知识领域结构的交互作用
反应方式	作答方式	纸、笔，口头或是计算机
	形式特征	作答的形式特征要与任务相匹配
	制图者	学生、教师或是研究者
评分体系	按概念图的成分评分	集中在三个成分或者它们的变式：命题层；层次水平；例子
	使用标准图	比较学生图和标准图
	成分和标准图结合	整合前两种策略给概念图评分。

　　用概念图评价学生的理解水平，其答案往往是开放而非唯一的，这不但有利于发散学生的思维，而且有利于激发学生的创造力。同时，概念图不是完全开放的，它有严格、客观的评分系统，不会因人为因素而造成分数的偏差。另外，学生在绘制概念图时，会自然地流露出认知的情感，因此概念图不仅可以用以评价学生对知识理性认识的清晰程度，同时也可以评价其情感态度和价值观。[1]

---

[1] 永刚：《概念图作为教学评价工具的发展》，载《学科教育》，2004年第7期，第43-46页.

第四节　不同技术环境下的教学评价策略与方法

根据教学活动实施环境的不同，我们可以将教学评价分为课堂面授环境下的教学评价、网络教学环境下的教学评价和混合学习环境下的教学评价三种，它们分别对应不同的评价策略和方法。课堂面授环境下的教学评价是指在师生面对面的传统课堂教学中根据教学目的和教学原则采取恰当、可行的评价方法和技术，对教学过程及预期的一切效果给予价值上的判断，以提高面授教学活动质量的评价。网络教学环境下的教学评价是指基于网络教学活动，利用信息技术和工具对网络学习行为表现进行引导和价值判断的方法。混合学习环境下的教学评价是根据教学目标搜集在混合情境下学生学习过程的客观资料、信息和数据，对学生的学习态度、学习行为和学习结果进行科学的量化分析，并做出价值判断的过程。

一、课堂面授环境下的教学评价

课堂是学校中最为常见、最为细小的环节，是学校进行教育活动的主要场所。所谓课堂面授，就是以教师为中心、以指导学生学习为目的的课堂教学活动，这种教学方式适用于系统知识技能的传授。在课堂面授教学中，教学评价是整个教学过程的一个重要组成部分，对教师专业素养的发展具有重要指导意义。通常情况下，课堂面授环境下的教学评价是指在师生面对面的传统课堂教学中，根据教学目的和教学原则采取恰当、可行的评价方法和技术，对教学过程及预期的一切效果给予价值上的判断，以提供信息改进教学和对被评价对象作出某种资格证明。

课堂面授环境下的教学评价有其区别于其他技术环境下教学评价的特征。一是易将评价融于课堂。教学评价的展开需要教师从学生的行为表现以及学习成果中获取可靠、有价值的信息，教师可以根据这些信息对学生进行及时的评价以指导学生更好地完成学习。相较于网络教学环境与混合学习环境而言，在传统的面授环境下，教师可以通过声音、眼神、动作等行为与学生进行沟通交流，更直接、更主动地获取评价信息。因此，依靠课堂面授教学方式的这个优势，教师很容易将教学评价融于课堂。二是易于集中实施评价。通常在面授环境下的课堂教学活动中学生都集中在一间教室，教师通过对整个课堂的把握，可以对学生的课堂行为表现进行整体性评价。

在现代教育评价"合理化、人性化、民主化"等理念的指导下，课堂面授环境下的教学评价的实施应遵循这样几个原则。第一，量化评价与质性评价互补。在教学评价过程中既要采取以考试测量为主的量化评价，也要采用以观察、访谈为主的质性评价，二者的结合使用既可以体现教学评价对科学化、合理化的追求，也可以表现人文关怀。第二，诊断性评价、形成性评价与总结性评价相结合。正如前面所述，我们要破除以考代评、为评而评、以评定性的做法，建立诊断性评价、形成性评价与总结性评价相结合的教学评价方法体系。第三，他人评价与自我评价相结合。他人评价关注的是评价者的意见，自我评价比较关注评价对象的感受与意见，二者的结合可以使评价中的客观性与人性化得到兼顾。

在充分考虑了面授教学评价的特点及设计原则的基础上，我们总结出了面授环境下教学评价实施的一般步骤，如图9-5所示。首先是准备阶段。准备阶段主要就为什么评价、谁来评价和评价什么等问题作充分准备。它包括：①组织准备，回答"谁来评价"的问题；②人员准备，组织相关人员学习评价理论和有关文件；③方案准备，主要回答"评价什么"的问题；④被评价者和评价者的心理现象与调控，该部分与诊断性评价的作用是类似的。其次是实施阶段。这是教学评价活动的中心环节，主要任务是运用各种评价方法和技术收集各种评价信息（评价方法可以包括量化工具与质性工具；评价信息包括学生的自我评价和他人评价信息、考试成绩、质性工具收集的信息、学生作品集等），整理评价信息并在整理评价信息的基础上分析信息并做出价值判断，同时对评价者和被评价者做出综合评价，以保证评价工作的顺利进行。最后是评价结果的处理与反馈阶段。这一阶段的主要任务是检验评价结果、分析诊断问题、撰写评价分析报告以及反馈评价结果。

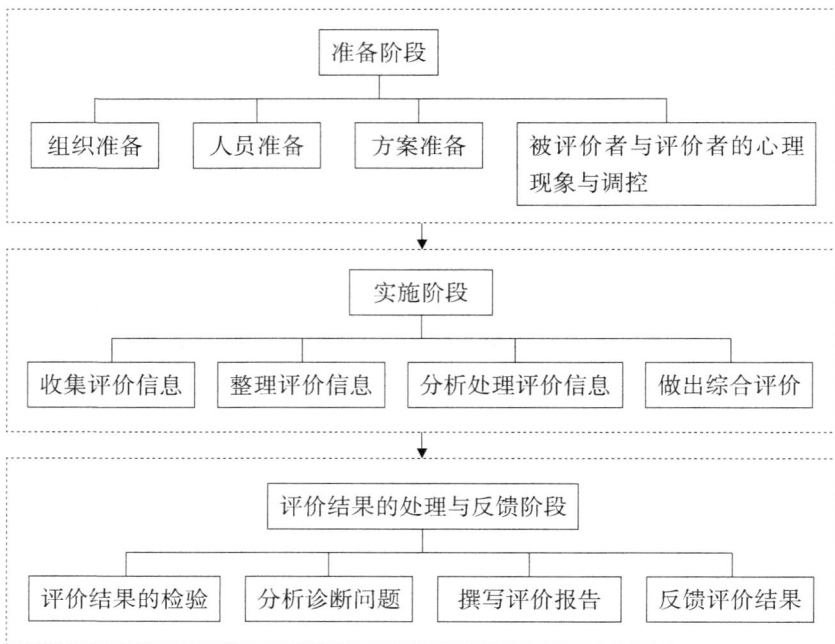

图9-5　课堂面授环境下的教学评价实施步骤

二、网络教学环境下的教学评价

随着计算机技术的不断发展和现代教育技术手段的广泛应用，网络教学逐渐被普及。网络教学是运用计算机技术、计算机网络、多媒体等为主要技术手段实施的一种全新的开放式教学，通过借助计算机网络，可实现教学资源的共享，教学双方可以从全国乃至全球信息网络中获取所需资料。[①]目前比较流行的大规模网络开放课程就属于网络教学的范畴。然而教学评价作为网络教学的重要组成部分，能否掌握其实施策略与方法是网络教学能否成功的关键因素之一。

与其他环境下的教学评价相比，网络教学环境下的教学评价除了具备教育评价的价值判断、评价发展、参照标准三个方面的含义，它还表现出鲜明的特色，如教与学的活动在时空上分离、网络教学的实现需要可靠而安全的网络传输系统、学生的学习主要是自主学习等。除此之外，网络环境下的教

[①]邵杰、端木祥展、时秀芳：《网络教学信息时代的教育新趋势》，载《中国西部科技》，2009年第4期，第85-86页.

学评价还具备以下几个显著特征。第一，注重评价的过程性，强调利用即时反馈信息来指导、监控甚至补救网络教学活动。第二，便于收集与学生相关的客观评价信息。在网络教学活动中，运用网络技术可以将师生之间的互动信息以及学生之间的合作过程客观地记录下来，从而为教学评价的实施提供丰富的评价资源。第三，缩短了评价的周期。这一点对根据评价反馈结果及时调整教学活动来说至关重要。然而，网络环境下的教学评价也有其劣势，如评价方式依赖于网络环境和信息工具、稳定性难以把握等。而要打破这种局限性，就需要教师不断提高自身的信息素养，以克服网络环境的不确定因素，确保评价的顺利进行。

通常情况下，网络环境下教师对学生学习行为表现的评价主要从以下两方面进行。一是对学生在网络学习过程中的表现进行评价，强调形成性评价的作用；二是对学生网络学习的结果进行评价，强调总结性评价的作用，具体评价内容如图9-6所示。

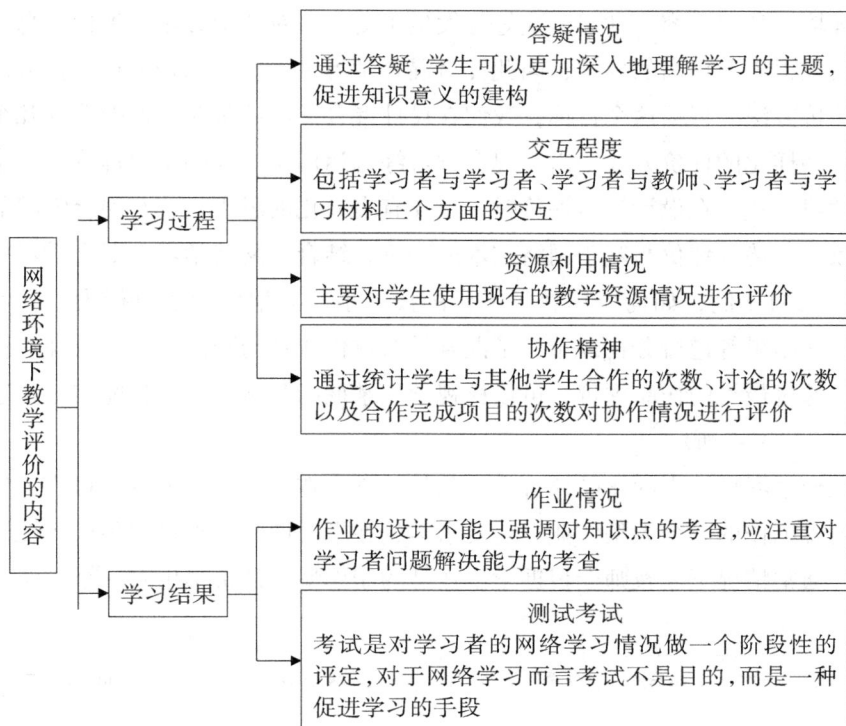

图9-6 网络环境下教学评价的内容

三、混合学习环境下的教学评价

混合学习（Blended Learning）是人们对网络学习（E-learning）进行反思后，出现在教育领域尤其是教育技术领域中较为流行的一个术语，其主要思想是把面对面教学和在线学习两种学习模式有机地整合，以达到降低成本、提高效益的目的。[①]混合学习模式包含学习活动、学习资源与学习评价等基本要素，其中学习评价对促进学生的知识建构、激发学生的动机与提升教师的专业技能具有重要的作用。因此在混合学习环境下，有效的教学评价是影响混合学习效果的重要因素之一。

混合学习评价是指根据教学目标，收集在混合情境下学生学习过程中的客观资料、信息和数据，对学生的学习态度、学习行为和学习结果进行科学的量化分析，并做出价值判断的过程。[②]混合学习评价与传统学习评价存在较大差异，由于混合学习综合运用了不同的学习理论、不同的教学媒体传递方法，其学习环境、学习内容、学习方式等都发生了变化，对评价方法、评价信息的获取方式也提出了更高的要求，因此针对混合学习，也要有综合多种评价方法的混合评价方法。根据这个目标，我们在设计混合学习评价时要遵循这样几个原则。①多样化的评价方式。由于混合学习综合运用了不同的学习理论、技术手段和学习方式，在设计学习评价时，也要有多元化的思想，这与混合学习的宗旨一致。②传统评价与基于网络技术的评价相结合。网络学习在混合学习中占有相当大的比例，如何应用教学平台的技术手段对学生的学习行为、学习历程、学习结果等进行分析评价，是混合学习评价成功与否的关键。③强调作品评价。通过最终的作品评价，可以检视学生掌握的基本知识、技能与知识迁移能力。如图9-7所示。

混合学习环境中的作品评价。作品是指学生在学习教学内容过程中，根据所学内容创作的一个大型作业。它要求学生在平时课堂教学过程中或者在课外完成。通常情况下，教师会根据学生作品的制作情况评价学生对一个模块、一

---

①李克东、赵建华：《混合学习的原理与应用模式》，载《电化教育研究》，2004年第7期，第1-6页.

②柯清超：《混合学习的评价方法以中小学教师教育技术能力培训课程为例》，载《中国电化教育》，2008年第8期，第16-19页.

个或若干单元、章节的学习绩效。

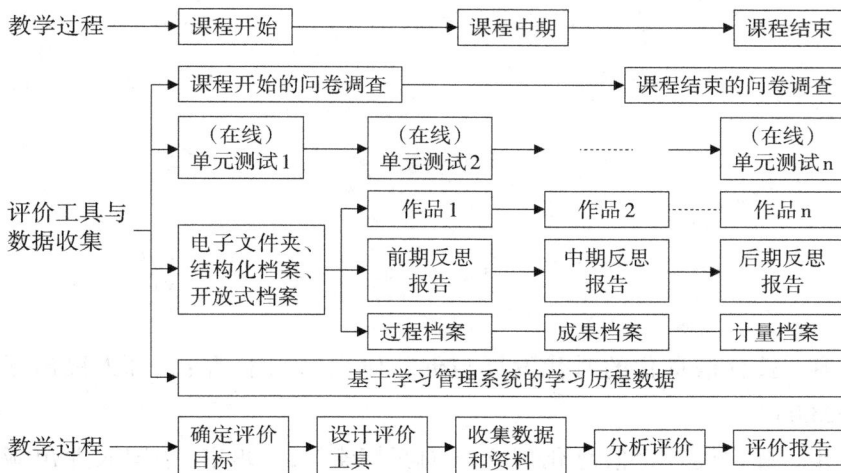

图9-7 混合学习环境下教学评价的过程及工具

所谓作品评价法，简单来说就是评价者根据作品对学生的知识与技能、过程与方法、情感态度与价值观等方面作出客观公正的评价。作品评价法可以作为过程性评价的一种形式，也可以作为总结性评价的一种形式，其具体实施过程如图9-8所示。

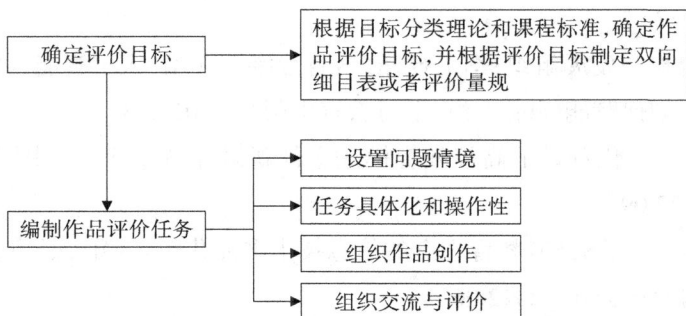

图9-8 作品评价的一般过程

参考文献

［1］吴翔.教育信息化的时代发展与创新研究［M］.长春:吉林人民出版社，
2023.03.

［2］林琳.新时代教育信息化理念与创新探索［M］.北京:中国农业出版社，
2023.03.

［3］吴砥，吴龙凯.国际教育信息化典型案例2021-2022［M］.北京:科学出版社，
2023.03.

［4］王继新，张伟平，黄红涛.信息化助力县域义务教育均衡发展的创新之路
［M］.北京:科学出版社，2023.03.

［5］朱永新，汤敏，马国川.信息化如何改变西部教育［M］.太原:山西教育出版
社，2022.03.

［6］经济合作与发展组织;李永智译.教育数字化转型:人工智能、区块链和机器
人技术如何赋能［M］.上海:上海教育出版社，2023.03.

［7］郭云.信息化背景下高校教育模式之创新研究［M］.北京:中国原子能出版
社，2022.09.

［8］卢义峰.基于STEM教育理念的信息技术多元化教学［M］.长春:吉林出版集
团股份有限公司，2022.06.

［9］周杰.信息化视域下现代教育技术理论与实践研究［M］.长春:吉林人民出版
社，2022.07.

［10］欧阳玲，洪文兴.教育数字化 区块链技术与实践［M］.厦门:厦门大学出版
社，2022.06.

［11］牟惠康，张倩.数字化教育探索与研究［M］.杭州:浙江大学出版社，
2022.12.

[12]教育部教育信息化战略研究基地(华中).中国教育信息化发展报告2020[M].北京:人民教育出版社,2022.04.

[13]曾天山,祝新宇.信息化引领教育未来[M].北京:教育科学出版社,2021.12.

[14]肖凯.中学生的数字化成长与教育[M].北京:科学出版社,2021.06.

[15]谢作如,刘正云,张敬云.数字时代的创造性学习:创客教育实践[M].石家庄:河北教育出版社,2021.04.

[16]汤彪.数字化教育[M].北京:中华工商联合出版社,2021.07.

[17]刘赟宇,孙静.泛在学习 理论剖析和技术实践[M].天津:天津大学出版社,2019.06.

[18]邓宗勇.现代教育技术:走向信息化教育[M].北京:北京教育出版社,2019.08.

[19]董淑惠.现代教育信息化理论与创新研究[M].北京:北京工业大学出版社,2021.05.

[20]赵国东,韩冰,刘秀彬.现代教育信息技术项目化教程[M].北京:北京理工大学出版社,2021.01.

[21]马静.教育信息化背景下教师提升研究[M].长春:吉林人民出版社,2021.06.

[22]周西政.坚守与创新 信息化时代教育的探索与实践[M].长春:吉林大学出版社,2021.10.

[23]陈琳.以教育信息化推动教育现代化研究[M].北京:科学出版社,2020.12.

[24]王园园.物联网关键技术及教育信息化研究[M].西安:西北工业大学出版社,2020.04.

[25]周琴作.数字时代大学生信息伦理教育[M].合肥:安徽大学出版社,2020.10.

[26]邱红艳,孙宝刚.现代教育技术[M].重庆:重庆大学出版社,2020.02.

[27]管昕.信息化教学推动职业教育现代化的探索研究[M].沈阳:辽宁大学出版社,2019.12.

[28]聂凯,杨晓飞著.信息化视域下现代教育技术理论与实践研究[M].长春:吉林人民出版社,2019.07.

[29]陈琳.以教育信息化带动教育现代化策略研究[M].长沙:湖南教育出版社,2019.06.

[30]杨在宝.教育信息化与教师专业发展[M].北京:中国商务出版社,2018.01.

[31]谭义东.高校教育信息化建设与教育技术应用创新[M].长春:吉林出版集团股份有限公司,2018.12.

[32]刘琴.现代职业教育信息化教学理论与实践[M].成都:电子科技大学出版社,2018.09.

[33]马启龙.信息化教育学原理[M].兰州:甘肃人民出版社,2017.12.

[34]王民.数字教育资源生态化建设和共享模式研究[M].上海:上海交通大学出版社,2014.11.